TFT
思考場療法
臨床ケースブック

心理療法への統合的応用

Suzanne M. Connolly
スザンヌ M. コノリー

MORIKAWA Ayame
森川綾女
|監訳|

Thought Field Therapy
Clinical Applications
Integrating TFT in Psychotherapy

金剛出版

Thought Field Therapy

Clinical Applications
Integrating TFT in Psychotherapy

by Suzanne M. Connolly

Copyright © 2004 by Suzanne M. Connolly, LCSW, LMFT
Japanese Translation rights arranged with Cocoro, Co. Ltd.

謝　辞

　この本はずいぶん前に書き始めました。30代で6人の子どもの母親として，North Arizona Universityの門をくぐり，厳密に言えば，心理学部の建物の入り口に足を踏み入れた頃でした。私は立ち止まり，頭の中でスナップ写真を撮り，こう思いました。「一生この瞬間は忘れないだろう」と。すべての旅は第一歩から始まります。そして，それはこの特別な旅の始まりだったのです。私がここに至るまで助けてくださった方々に感謝したいと思います。

　43歳の私の夫，Bruce John Connollyに感謝を捧げたいと思います。Bruceはこの間ずっと，私に我慢してくれただけでなく，この不思議な新しいテクニックを突然学び始めた私を励ましてくれました。

　以前ワークショップのアシスタントをしてくれたMerry Barr，TFTトレーナー仲間で原稿を読み通し，多くの有益なアドバイスをくれたJill Strunk，校正と編集をしてくれたSophia Tarilaに感謝します。

　また，ヨーロッパの友人Gloria Mondaに感謝します。彼女は最初に私に本を書くように勧め，私が集中してこの原稿に取り組めるよう，ロッテルダムにオフィスと寝室を提供してくれました。

　そして最後に，そして大いに，私の過去から現在の多くのクライエントたちに深い感謝の意を表します。私は，彼らの存在に恩恵を受け，たくさんのことを教えられました。

　この本は，その才能を人々の援助に使っておられる方々，その癒しの才能を，心理的重荷を負う人々にやすらぎを与えるために使う

方々，自分のすることを大得意としながらも，治癒の過程をより前向きなものにしようと飽くなき探求を続け，決して満足しない方々のために書かれたものです。この本が，そういった違いを求めているあなたのお手伝いができますように。

　また，この本をロジャー・キャラハン Roger Callahan 博士に捧げたいと思います。この本は，まったく新しいアプローチを心理療法の世界にもたらしたキャラハン博士の研究がなければ，ありえませんでした。私は彼と出会えた恩恵に感謝します。

　とても新しくそして異なった発見がされることは滅多にあるものではありません。TFT（思考場療法®）は心理療法の世界で動き始めています。それは世界の表面の下に微かな圧力が加わっていくのに似ています。私は遠からず地震が起こるのではないかと予測しています。そして，その余震が収まった時，セラピー界の景色が永久に変わってしまうことになるでしょう。

スザンヌ・コノリー Suzanne M. Connolly

まえがき

　スザンヌ・コノリーは非常に経験豊富なサイコセラピストであり，初期の TFT 診断（TFTdx）の訓練を 1995 年に受け，この 10 年来実施しています。彼女は定評のあるアルゴリズムレベルの研修を，他のどのトレーナーより長く行っています。私はしばしば，彼女の研修を受けた人々から非常に好意的な感想をいただいています。

　簡単な背景　1950 年代初期の Syracuse University における臨床心理学の訓練で，私はカール・ロジャース Carl Rogers のクライエント中心療法（Client-Centered Therapy）を受けました。私は後年，より積極的かつ効果的なセラピーを探究しており，アルバート・エリス Albert Ellis に出会ったのです。私は彼の仕事を普及させる最初の 1 人となり，エリスの初期の頃の研修を手伝いました。エリスは今日，認知療法（Cognitive Therapy）と呼ばれるものを行った最初のセラピストです。私は，エリスのアプローチを楽しみながらも，まだ完全には満足していませんでした。私は探究し続け，ついに 1979 年，私自身のブランドである治療法を開発し始めたのです。心理療法士としての途方もない夢の中で，なにかよりよいものを模索し続けた私ですが，まさか深刻な慢性の心理的問題を即座に取り除く心理療法があろうとは考えてもいませんでした。最初，その結果の現実性を信じることができませんでしたが，繰り返し観察することで信じざるを得ませんでした。TFT（思考場療法）の成功が，理論的理解のための何か大きな潜在的重要性を含んでいることは明らかでしょう。たとえば，化学反応よりも早い可能性のある治療の即効性は，通常の化学理論に深刻な問題を提起するでしょう。もちろん，化学

は基礎であり，重要なものですが，もっとも底辺の土台レベルのものではありません。TFT は心理学の世界に，多くの驚くべき事実を紹介しています。スザンヌ・コノリーは，非常に熟練した人で，9 年間 TFT を使った心理療法の中で素晴らしい結果を出しています。彼女が私の研究に興味を持ってくれたことを非常に嬉しく思っています。なぜなら，彼女はセラピーにおいても研修することにおいても非常に有能な専門家であるからです。

　私は何年も彼女の研修やテクニックが向上し続けるのを見てきました。彼女は自分の知識やテクニックの向上のために，診断レベルや上級レベルの TFT 研修を何度も再受講し，非常に興味深いことをしました。スザンヌは自分の研修のビデオテープを持ってきて，私にそれを見てアドバイスをするように依頼してきたのです。私は彼女が，TFT の教育と理解を磨き上げるため，常に努力していると確信しています。彼女のこの本は実用的な助言に溢れており，さまざまな心理的問題の援助に対し TFT アルゴリズムをいかに効果的に適用するかについて，たくさんのヒントが含まれています。さまざまな問題を援助するために私の TFT アルゴリズムを応用することに関心のある方には，この本を求められることをお薦めします。スザンヌは素晴らしい仕事をしています。

ロジャー・キャラハン　Roger Callahan
Indian Wells, CA, 2004

目　次
Contents

謝辞…003　　まえがき…005

▶ 序　　新しきワインを古き皮袋に入れる…011

▶ 第1章　古きを新しきに配合する…015

▶ 第2章　対話心理療法と思考場療法…018

　　落第児童とTFTを使うための3段階…020／カップル・セラピーにおけるTFTの3段階…023／クライエントにTFTの手順を紹介する…026

▶ 第3章　喪失と悲嘆の問題に対するTFTの使用…032

　　自己愛が高く子どもに応じない親を喜ばせることから身を引く…034／関係性と子ども時代に関する喪失感：子ども時代の記憶が意識では思い出せない事例…049／破壊的で外傷的な喪失直後の悲嘆，罪悪感，怒りの軽減…053

▶ 第4章　TFTを使って怒りに対処するプログラム…057

　　深刻な精神の病でかつ食物過敏に苦しんでいる人が，何層にもわたる怒りにTFTを適用した例…057／あなたが関わっている怒りが転移の問題である時のTFT…064／怒りに隠れた層をTFTを使って見つける…070

▶ 第5章　ネガティブな自己想定を変える…081

　　「失敗だ」および「十分でない」という感情…084／愛されないと感じる…088／カップルセラピーにおける自尊心の問題に取り組む…092

▶ 第6章　性の問題に対するTFTの適用…097

　　背景…097／乏しいボディーイメージによる性的欲求低下障害…100／不安を治療してインポテンツを改善…103／幼少時代に性的虐待を受けた成人女性の膣痙：TFTと神経言語プログラミング（NLP）を組み合わせた事例…106／具体的な性恐怖症の援助…111／夫婦と性に関する複雑な問題：TFTと伝統的なセックスセラピー，カップルセラピーの組み合わせ…112／TFTを使うことによって改善が望める性の問題の例…120

▶第7章 **TFTを認知療法と併用する**…122

　　TFTを使う時に認知療法はどのように役立つのか…124／コントロールすることの必要性…126

▶第8章 **認知療法が効果的でない時** ●TFTを使ってトラウマを治療する…134

　　TFTを使ってPTSD（外傷後ストレス障害）を治療する…136／まだ話せないときに起きた虐待によるトラウマの治療…140／幼少期の性的虐待による怒りを置き換える…142／TFTアルゴリズムを使ってトラウマと抑うつを治療する：記憶が溢れ出てくるのに変化し続けるとき…143

▶第9章 **TFTを行動療法と併用する**…147

　　問題の同定…148／TFTの導入…152／TFTを用いた対人関係力動への対応…153／ターニング・ポイント…157／いくつかの進歩…159／進展の要約…161／母親を通して幼い少女を助ける…163

▶第10章 **FAQ よくある質問**…168

付録…189　　付録Ⅰ　**TFTの用語集**…191

　　　　　　　　付録Ⅱ　**TFTアルゴリズム**…193

　　　　　　　　付録Ⅲ　**対応する鍼／灸のポイント**…195

　　　　　　　　付録Ⅳ　**TFTを使った研究の要約**…196

監訳者あとがき　森川綾女…201

　　　　　　　　　　　● 鎖骨呼吸の手順…186
　　　　　　　　　　　● 9g（ナイン・ガミュート治療）の手順…192
　　　　　　　　　　　● 治療スポットの位置…194

TFT
思考場療法
臨床ケースブック
心理療法への統合的応用

序

新しきワインを
古き皮袋に入れる

Pouring New Wine into Old Wineskins

　キリスト教の新約聖書に，「新しきワインを古き皮袋に入れる」ことに警鐘を鳴らす一節があります。そうすることで，新しいワインも古い皮袋も台無しにしてしまうからです。古い皮袋は破れ，新しいワインはこぼれてしまいます。何も得るところはなく，すべてを失ってしまうということです。急進的な新しい考えも同様です。古い考えは捨てていかなければならないことがよくあります。なぜなら，古い考えには限界があり，新しい考えを取り入れて発展することができないからです。新しい考えを受け入れるのは難しいものです。私たちは，世界を今までの古い見方で見て，今までの古いやり方で行動し，今までの古い態度をとることを好みます。それは私たちが慣れ親しんだものであって，私たちの世界観，行動の方法，私たち自身の個人的な世界に，ある種の秩序と意義をもたらした行動パターンを作りあげてきたことを知ることで訪れる，安らぎと安心感をもたらしてくれるのです。

　私たちは何千年もの間エジプト人や他の古代文明が信じてきたように，太陽が地球の周りを回っているのではない，という考えに「種」として慣れるまでにずいぶん時間がかかりました。ずっと最近になって，アインシュタインですら，原子に満たないレベルにおいては，この宇宙にカオス理論（Chaos Theory）の仮説のような一定量の予測不能性があるのだということを信じることが難しかったのです。今日，科学の世界において，「平

坦地球学会」のメンバーはほとんどいませんし，量子レベルにおいて，出来事の予測不能性に疑問を持つ人はいません。

　心理療法界の急進的な新しい発見は，1979年に行われました。ロジャー・キャラハン Roger J. Callahan は，クライエントのエネルギー経絡（正確には胃の経絡）の終点をタッピングした時，物心ついて以来の水恐怖に疲弊していた女性が治癒したのを発見しました。20年以上経た今，その発見の結果として，精密な科学としてのTFTがあるのです。それは，心理的問題を軽減するために，特定の順序で特定の経絡をタッピングすることを必要とします。この問題解決の方法は，やはり受け入れ難いようです。これは多くの深く染み込んだ考え方の前方を飛び超えて行ってしまうからです。たとえば私たちは，「そんな即効性のものがあるはずがない」と信じています。私たちは「よくなるためには苦しまなければならない」とも「旨すぎる話には，気をつけろ」とも考えているのです。

　人生を経験するにしたがって，これらの考え方により慣れ親しんでいきます。それは，人生が一般的にそれらを強化していくものだからです。しかし一方で，「旨すぎる話には，気をつけろ」というのも大抵事実ですが，私たちは人生の驚きに対してオープンでなければなりません。

　私が20代初期の頃のある日，電話に出たときのことを思い出します。電話の向うから男性の声で，私が夫婦でサンフランシスコ行きの無償航空券を獲得したと言うのです。私はそんな内容のものに応募した覚えもなかったので，もう少しで電話を切るところでしたが，夫と私にとって幸いだったことにそうしませんでした。数週間後，私たちはサンフランシスコのマーク・ホプキンス・ホテルに宿泊していました。赤いムスタングを運転し，大好きな街で，何ものにも束縛されないとても欲しかった自由を楽しみました。時には旨すぎる話も本当になるのです。TFTはこのような事例です。

　「よくなるためには苦しまなければならない」という考え方は，特にメ

ンタルヘルスの分野で慣れ親しんだものです。患者の苦しみを和らげる目的に専心する医師は，身体的，精神的苦痛に対して，「即効性のある」抗生物質や鎮痛薬を何の問題もなく処方します。もちろん，医師は，上述のような「即効性のある」薬物を投与するのに早計すぎると周囲に非難されることが時々あります。メンタルヘルスの世界のこの考え方は，深く傷ついたクライエントに関わったときや唯一限られたツールだけでクライエントと関わったときの，私たちの今までの限界を反映しているに過ぎず，私たちの愛，情熱，洞察力，サポートで支えているものではありません。

　論理にかかわらず，私たちは古いものに執着します（論理にかかわらず，それが新しいというだけで，新しいものに執着する人がいるのも事実ですが）。革新的で思慮深い人たちが，この新しい心理療法を受け入れ難いことは当然だと思います。もしあなたがこの本を読んでいるなら，それはあなたがすでに TFT を使うという考えを受け入れているのでしょう。なぜならあなたは，このテクニックを使った結果を直に経験したからです。

　これからのページで，TFT に懐疑的な人に，これは効果的で効率がよく重宝ですよとか，価値のある心理療法のテクニックですよ，などと説得する意図はありません。最近の TFT についての研究の考察は，この本の範疇を遥かに超えています。それは将来おそらく，まったく異なった論文のトピックとなるでしょう。TFT を含む研究の簡単な概略は，付録 IV をご参照ください。

　これからのページは少なくとも TFT アルゴリズムの訓練を受けたメンタルヘルスの専門家や医療従事者，またはロジャー・キャラハン博士の『Tapping the Healer within』（邦訳『TFT 思考場療法入門』春秋社，2001）を読んだ方々のために書かれました。この本はすでに訓練を受けた読者が，臨床の場で TFT を使う際のスキルを向上させるために書かれたものです。

　TFT を使って精神的苦痛を治療するというパラダイムが以前の心理療

法のパラダイムにまったくあてはまらなかった一方で（単に当てはまらなかっただけですが），私たちは古い皮袋を破ることなく，貴重な新しいワインをこぼすこともなく，どちらの品位も保ったまま，古い皮袋に新しいワインを注ぐことができるのです。

　この本はまさにそのことについて，それをどのように行うかを知るための手引書となるよう書かれています。

第1章
古きを新しきに配合する

Chapter 1 ▶ Mixing the Old with the New

> 自然の法則の慈悲深さは，奇跡が私達に開かれていることを保証してくれるところにあるが，奇跡をどのように起こすかを教えてくれるところまでには至っておらず，その鍵，暗号とその解読を発見して通るのは私たちである。
>
> ロバート・ローゼン（理論生物学者）『生命それ自体』
> Robert Rosen, *Life Itself: A Comprehensive inquiry in the Nature, Origin and Fabrication of Life*

　思考場療法®（TFT）のようなブリーフセラピーの技法は，決して，優れた個人的なセラピーの技術的代替物だと思われてはなりません。私がワークショップを行う際には，セラピストとしてセラピーをする場合に一番大切な道具は自分自身だと強調しています。この人間的なつながりは古いものと新しいもの双方の基礎です。しかしながら，TFTは優秀なセラピストの能力を劇的に高め，クライエントを成功裡に導きます。時に，TFTは簡単にセラピーの時間を縮め，セラピーの効果をより高めます。また，TFTによって奇跡的な結果が生み出されることもあるのです。

　多くのセラピストがTFTの訓練を受けましたが，彼らは未だに，この新しい技術をより伝統的なメンタルヘルスのサービス（カップルセラピー，セックスセラピー，劣等感を含む問題の解決など）にうまく組み合わせて効果を上げる自信がないとよく私に報告してきます。

　ほかによくある質問は「複数の事柄が出てきたら，どれを最初にするか，どうやって決めるのですか？」「今の問題をやり終えない間に，次の問題が出てきたら，どうしたらいいのですか？」「1回に1つ以上の感情に取

り組めますか？」「いろいろなアルゴリズムをどうやって組み合わせたらいいのですか？」などです。この本の10章，「FAQ よくある質問」のところで，これらのいくつかの質問に答えたいと思います。ここに書かれた事例を読むことで，みなさんがすでにうまく行ってきた仕事にどうやって TFT を統合したらいいか，という感覚を掴んで頂きたいと思います。

　現在のセラピストとしてのキャリアの中で，私は，ブリーフセラピーとしては TFT をもっとも頼りにしています。私は EMDR（Eye Movement Desensitization），TIR（Trauma Incident Reduction），NLP（Neuro-Linguistic Programming）といったブリーフセラピーの訓練を受けましたが，TFT は早くて効果的，セラピーの時間内に収まり，準備の必要もなく，クライエントに導入しやすいことがわかりました。これは系統的脱感作（Systematic Desensitization），暴露療法（Exposure Therapy）や EMDR に比べ，クライエントにもセラピストにもほとんど苦痛をあたえません。

　私はほとんどすべてのクライエントに，また，個人の中のさまざまな異なる問題について，常に TFT を使います。しかし，カウンセリング，セックスセラピー，カップルセラピーなど，伝統的アプローチにも TFT を組み合わせます。そして時々，TFT に他のブリーフセラピー，NLP やエリクソン催眠技法（Ericksonian Hypnotherapy）などのテクニックをちりばめて組み合わせたりします。

　私の個人的なクライエントに TFT を使うことに加えて，私は TFT の100 カ所以上の専門家向け研修をする幸運を得ています。これら研修の中で専門家たちは自分自身の問題について TFT をしていますので，私は TFT を何千回も使っていると言っていいでしょう。研修においても，自分の担当するセラピーにおいても，クライエントの特定の問題について TFT を行って，クライエントの述べた目標を果せなかったことはほんの数例しかありません。

　すべてのクライエントを追跡調査したわけではありませんが，現在の

クライエントの方々からも，以前の方々からも，十分に肯定的な結果のフィードバックを頂いていることが自信となり，この強力なセラピーの技術をクライエントに勧めないことは，私には怠慢に思えるのです。

　この時期，私が教育セラピストを含む専門家に提供していた訓練は，TFTのもっとも基礎的なレベルのアルゴリズム（algorithm）です。すべての事例で専門家達は，自分自身の問題やお互いの問題を訓練し合いました。それはアルゴリズムのみで十分効果的でした。というのは，私はロジャー・キャラハン博士からTFTの診断レベルであるTFTdxの訓練を受けており，私は自分が担当するセラピーでは，シンプルなアルゴリズムで効果のなかった場合に，より高度なレベルのTFTを使うことができるという強みがあるからです。（TFT診断は，ロジャー・キャラハン博士によって発展され，筋テストを含むユニークなより上級の手順で，クライエントのどのツボをどの順序でタップする必要があるかを決定する際に使われます。）この本を読んでおられるTFTdxレベルを終えられた方々も，以下の章で示される事例研究から得られるところは多いでしょう。より上級レベルの訓練を終えられた方々は，適切な場合，類似の事例にはシンプルではあるけれど少し効果の少ないアルゴリズムより，TFTdxを使うという判断もできるでしょう。

　個人的なカウンセリングと同様，私のワークショップでは時に，高度なTFTdxの手順ですら効果のなかった場合に，TFTボイステクノロジー（VT：Voice Technology）の訓練を受けているセラピストに紹介することがあります。このレベルの治療はもっとも困難なクライエント（アルゴリズムにも診断にも反応しなかったクライエント）のために用意されています。このような事例のほとんどの場合は，繊維筋症（Fibromyalgia）や慢性疲労症候群（Chronic Fatigue）やひどいアレルギーなどの身体的な問題で複雑な状態になっています。

第2章
対話心理療法と思考場療法

Chapter 2 ▶ Talk Therapy and Thought Field Therapy

その人を知らずして尊敬することなどできない。
気遣いと責任は，知識に導かれなければ盲目であろう

エーリッヒ・フロム『愛するということ』
Enrich Fromm, *The Art of Loving*

　この章では，TFTを心理的問題に効果的かつ効率的に行うためには，どのように対話心理療法を使って問題を設定するかについて例を示していきます。そして，どのようにクライエントにTFTを導入するかについてアイデアを得ることもできるでしょう。
　特にアルゴリズムの訓練しか受けていない方には，TFTを使ってもっとも良い結果を得るために，次に説明する3つの段階があることを認識するのは助けになると思います。

第1段階　何が問題かを決定する

　ときにクライエントは，正確でよく考え抜いた目標を頭に描いてセラピーに来られます。しかしながら，セラピーの専門家としての私たちの仕事は，クライエントが変えたいと思っていることはどういうことなのか，成功した結果はどういうものなのか，正確に明らかにするための援助であるのが普通です。そのための質問は「あなたは生活の中でどのように変化したいと思いますか？」「人は他人を変えることはできない（人は自分しか変えられない）という事実が

あり，人は自分のしたいことをし，自分のなりたいようになり，自分の言いたいことを言うが，自分には限界があるという仮定を考え合わせると，あなたはどのように感じたらいいと思いますか？」，そして家族療法ならば，「もし私が魔法の杖を持っていて（持っていませんが），あなたが家族の中で1つだけ変えることができるとしたら，それは何でしょう？」

　一旦目標がはっきりすれば，目標達成のための障害は何だと考えているのかを，クライエントに尋ねることが役に立つでしょう。「机を整理するのに邪魔になっているのは何だと思いますか？」「レポートのファイリングでは？」「部屋を片づけるには？」「仕事に就くには？」

　あなたが経験しておられるように，そこに辿り着くまでには対話療法が必要です。伝統的対話療法は，TFTを使うためにより効率的な準備をするのに役に立ちます。

第2段階　TFTそのものを使う

　これは簡単な部分です。しかし，問題が何層にもなっている場合には（何層にもなっている場合が多いのですが），第1段階の問題を設定することと，第2段階のTFTタッピングを行ってもらうこととの間を行き来していることに気がつくでしょう。

第3段階　フォローアップ

　これは，明らかに効果があったら，SUD（subjective units of distress：苦痛の主観的単位）のレベルを聞き，またクライエントがタッピングしていた間，考えていた動揺や心配，怒りや悲しみの変化についてもう一度考えてもらうチャレンジを意味します。時々，クライエントが行っていた問題について調べ始めると，本人も以前は意識

していなかった怒りや悲しみの新しい層が出てきます。セラピストは，その人が第2段階と第3段階とを，さらには，3つのすべての段階を少し異なった，またはまったく異なった問題で繰り返し行き来していることに気がつくこともあるでしょう。もっとも大切なことは，その結果が時間をかけて（カウンセリングルームの）外の日常生活で試されることです。

　次の事例はTFTを始める前に問題を組み立てることの重要性を例証しているものです。

落第児童とTFTを使うための3段階

　ジェイクは11歳で，5年生を落第するのではないかという深刻な危機にありました。この子はすでに1年遅れており両親は必死でした。母のアニタは，彼が学校で不出来なのは自分とジェイクの父親がうまくいっていないことへの彼の怒りが直接の原因だと確信していました。アニタはこの仮説的怒りが，学校での集中や家での宿題の邪魔をしているのだと感じていました。それはもっともな推測で，私は受動的で攻撃的な行動が現れているのではないかと思っていました。

　父親のホアンは企業家で，息子の行動を怠慢のせいだとして厳しくあたり，アニタは2人の間で怯えていました。アニタはホアンのやり方が好きではなかったし，それは役には立ちませんでした。けれども，彼女もまた何も効果的なことをしようとはしませんでした。

　アニタは1人でやって来てこの状況を説明し，TFTが息子を助けてくれるのではないかと依頼してきました。実は彼女は以前，TFTですばらしい成果をおさめており，彼女の実家や親族からの扱いで傷ついたことや不安，運転恐怖症，夫や息子への怒りなどたくさんの問題を克服したのです。私は，ジェイクの学校の問題の援助になるかどうか保証はできないけ

れど，TFTを使うことには自信があると説明しました。

　初回，ジェイクが来た時，彼は静かで沈んでおり，質問には行儀よく答えましたが，特に学校での問題について進んで話そうとはしませんでした。Q&A技法（Question and Answer Technique）を用いることで，彼はなぜ学校でみんなと同じようにうまくいかないのか分からず混乱しているのだということが分かりました。遂に彼は，自分がクラスの他の子たちみたいには賢くないからじゃないかと言い出しました。「僕が何かをやるといつも間違いだらけなんです」，「どんな間違い？」と私が聞きました。彼は問題として，スペル，特に句読法（パンクチュエーション）と文章構文をあげました。「いくら一生懸命やっても，どうしてもできないんです」とジェイクは言いました。

　しかし，ジェイクは読むのは上手でしたし，ヒスパニック（スペイン系アメリカ人）ではあるものの二世か三世なので，英語が第2外国語だとしても問題はありません。彼の両親がうまくいっていないことに，ある種悲しさや不安はあるものの怒ってはいないと言いました。彼は本当に学校でうまくやりたいと思っているようで，怒りや「怠慢」以外の何かがそこに働いているようでした。

　Q&Aを続けていくうちに，私はジェイクがしばしば宿題もできていたし，宿題を学校に持って行っていたことを知りました。ところが，自分のやった宿題は，とても認めてもらえそうにない（句読法とスペルの間違いがいっぱいだから）という（「明らかに間違いなくそうだ」という）恐れから提出しなかったのです。私は，そこには不安が循環しているのではないかと思い始めました。ある種の条件反射のようなものが起こっていて，ジェイクはもう学校そのものに不安を感じているのです。この不安は，彼が学んだり，うまくやることの妨げになっており，もちろん，それで宿題の提出もしなかったのでした。そして，そのことがますます不安を強め，問題は自動的に続いていたのです。

私はジェイクに，学校に宿題を提出することを考えるように言いました。（少なくとも，宿題を提出することで信用され，何らかの助けを得られるのではないかと判断したからです。うまく行けば不安がなくなることで，彼が宿題の間違いからも学ぶことができるでしょう。）彼はまったく不安を感じることができませんでした。そこで，宿題を書いているところを考えるように言いました。（ジェイクには，週末までに仕上げなくてはならない読書感想文があったのです。）でもまだ不安はありません。私は，彼にその読んだ本について話してくれるように言いました。彼は物語の細部にまで素晴らしい描写で語ってくれました。私は紙とペンを取って，彼に今話してくれた内容を書くように言いました。ジェイクは凍りつきました。彼の表情は恐怖そのものでした。これで問題を設定する第1段階を完了し，いよいよ実際にTFTを使ってその問題に取り組むという第2段階の準備ができました。トラウマ／不安のアルゴリズムでジェイクのSUDは9から1（訳注：1がまったく苦痛がない）になりました。それで，私はもう一度紙とペンを渡して書くように言いました。ジェイクは紙とペンが自分の手にあるのを見た時SUDが4になったと言いました。ミニPRを（修正）し，もう一度，トラウマ／不安のアルゴリズムをしました。するとジェイクは不安から解き放たれ，感想文を書けるようになったのです。ジェイクは私の相談室で感想文の一部を書きました。スペルは正しいし，句読点も正しくできました。さあここで第3段階，実生活で問題がどうなるかのテストです。不安の除去が帰宅後も続くかどうかを見るのです。

　次の回で，ジェイクは私の依頼に応じて完成した読書感想文を持ってきました。彼は期限内に提出し，「A」の成績をもらっていました。書く宿題は易しいし，なぜかスペルも句読法もどうにか「ちゃんと思い出せる」と彼は報告してくれました。

　3回目にジェイクに会った時，私たちは彼の書くことへの恐怖が戻って

来た場合だけ会うということに同意しました。2年ほどしてアニタが別の新しい問題で予約をとってきました。彼女は何気なさそうに，あのセッション以来，ジェイクは5年生を終了し，学校でもうまくいっていると言いました。

　この事例は，できるだけ簡潔にそして正確に問題を設定することがいかに重要かを物語っています。もし私たちが，ジェイクの仮説上の「怒り」で進めていたら，同じ成果を得ることはなかったでしょう。もし彼の「怠惰」で進めていたならば，ジェイクは長い間セラピーに通っていたことでしょう。あなたがたとえ，手元にもっとも洗練されたセラピーの介入方法を持っていたとしても，よい探偵になることが大事なセラピーの一部なのです。

●ジェイクのレシピ

トラウマ／不安：
　眉頭，目の下，腋の下，鎖骨下
　9g
　眉頭，目の下，腋の下，鎖骨下

カップル・セラピーにおけるTFTの3段階

　2番目の事例も，TFT導入前に，問題を正しく割り出しておくことの重要性を示しています。

　この事例では，ある男性がカップルセラピーとして，自分と妻に会ってもらえないかと電話をしてきました。彼は最近退職したが，妻は幸せではないし，彼も結婚生活を保つためには，自分が何かをしなくてはいけないと思っていました。

最初のセッションで，メグは泣きながら，夫ラルフの「悪いところ」をあげました。彼は支配的で，いつもメグを見下したように話すと訴えました。家の中には常に緊張がありました。メグはもう我慢できないと感じはじめていました。このようなことが起きる典型的な状況を聞くと，よくあるテーマが明らかになってきました。2人でどこかへ行ったり，何かする準備をする時に，ラルフの非難が始まるのです。彼らは社交的なので，これが常におこるのです。ラルフは非常にせっかちなのです。もう少し質問すると，ラルフが何に対しても絶対遅れることはしない，どこへ行くにもいつも早めに行っていなければならないということが分かりました。メグと一緒にパーティーや食事の約束がある時，ラルフは招待された時間より早く着かないといけないと言い張るのです。彼は空港に行く時や車で出かける時も，時間よりずっと早く出発したかどうかを確認するのです。

　メグにとってこれは問題です。というのは，彼が思う時間にメグの準備ができていないと，彼はイライラするからです。彼は出発前からイライラし始め，それが2人の間に緊張を生みます。メグは彼の支配的な態度に，貶され，非難されているように感じ，自分自身がなくなるような感覚になるのです。ラルフもメグも自分たちの結婚は危機に瀕していると感じていました。

　彼らの結婚は危機に瀕しているわけでもないし，調整する必要もないと私が2人に言えたことは救いでした。彼らの結婚生活に起こっていることは，人間関係の中では想定内のことです。けっこううまくいっています。人間関係は私たちに成長の機会を与えてくれます。これは，2人にとってのチャンスだったのです。ラルフはTFTで簡単に解消することのできるような単純な恐怖症を持っていました。メグも，彼が思う通りの行動をしなかった時でも，自分の不安を処理することを学ぶ必要がありました。

　このことがラルフに共鳴して，彼は自分の父親が，自分や他人の時間を浪費するのはひどいことだと，彼の性格形成期に感じさせていたのだということを話してくれました。ちょっとした手助けで，メグは，ラルフの行

動をコントロールできなくても，たとえラルフが攻撃的に反応しても自分の不安をコントロールすることができるし，自分自身でいられる，ということが理解できました。このようにして，彼女は「自分を失う」と感じる危険を回避しようとしたのです。

　第1段階の完了とともに，私たちは2回目のセッションで，ラルフの恐怖や遅れることに対する不安にTFTを使って取り組む用意ができました。ラルフは単純な不安，怒りのアルゴリズムによく反応し，メグには過去のトラウマと不安のアルゴリズムでした。彼らの入り組んだ問題はきわめて単純な方法で軽減され，TFTの介入はかなりうまくいきました。第2段階が完了し，少なくとも第3段階，実際に日常の生活環境の中で，この後のテストをする準備ができたといえるでしょう。ところが，この2人は旅行に行ってしまったために，フォローアップをすることができませんでした。

　6カ月後，メグがまったく別のことで予約を取ってきました。彼女は彼らがどんなに幸せになったか，また多くの友人が，ラルフが以前よりどんなにリラックスできるようになったことか，と言っていると教えてくれました。1人の友人は，「彼はまるで別人のようだ」と言いました。

　第3段階は成功裡に完了しました。

　この事例は，一連の不満が述べられた時には共通点を見つけておくことの重要性を示しています。そしてこの事例はTFTを効果的かつ能率的に使うために必要な3つの段階を明らかにしています。

●ラルフのレシピ

不安／怒り：

目の下，腋の下，鎖骨下，小指，鎖骨下

9g

目の下，腋の下，鎖骨下，小指，鎖骨下

●メグのレシピ

過去のトラウマ／不安：

眉頭，目の下，腋の下，鎖骨下

9g

眉頭，目の下，腋の下，鎖骨下

クライエントに TFT の手順を紹介する

　最初は多くのセラピストが実際にクライエントに TFT を紹介するのを躊躇します。私はほとんどすべてのプレゼンテーションの際にこのことについての質問を受けます。

　以下は，TFT を準備するための第 1 段階，対話療法を使った典型的な例を故意に単純化したものです。この本のほかのすべての事例研究とは異なり，以下のものは実際の事例とは違い，すべてのセラピストに身近な典型的な事例に，通常起こる要素を含んでいます。クライエントは TFT について聞いたこともなく，セッションの中で TFT を紹介する必要が起こったものと仮定します。

　クライエントはこのように言うでしょう。

> クライエント ❖ 私にはものすごい怒りがあるんです。いつもいつもイライラしてることのないようにしたいんです。
> セラピスト ❖ 誰に怒っているのですか？　あるいは，何に怒っているのですか？
> クライエント ❖ 皆に怒っているのです。
> セラピスト ❖ 皆が一番あなたを悩ませるのはどんな時ですか？

クライエント❖ 皆私をがっかりさせるんです。皆やると言ったことを絶対やらないんです。

セラピスト❖ 皆がやると言ったことをしなかったら，あなたは本当にがっかりするようですね。

クライエント❖ そうです。

セラピスト❖ 成長するまではどんな様子でしたか？ ご両親はやると言ったことをいつもまっとうしましたか？

クライエント❖ えーと……家には父は居ませんでした。両親は結婚することはなく，結局父はもっと若い人と結婚して自分の家庭を持っていたのです。私の成長期にも父は私に何もしてくれませんでした。私はときどき父を訪問して話をしましたが，私の方から電話をかけるのであって，父は自分の家族のことで忙しそうにしていました。

セラピスト❖ そのことについてはどう思いますか？ お父さんに怒りはないのですか？ それとも悲しみを感じるのでしょうか？

クライエント❖ そうでもありません。私は母の方に怒っていると思います。

セラピスト❖ もう少し話していただけますか？

クライエント❖ 母はいつも働いていて，私のために時間をとってくれたことはありませんでした。家に居る時はいつも酒を飲んでいたので，私は母のそばには居たくなかったのです。母はいつも私を見ると混乱するので，私は母を避けていました。母は私に何か，たとえば新しい靴を買うような約束をしても，代わりに飲み代に使ってしまうのです。私にどこかへ行こうと言っては飲みだして，行こうと約束したことを忘れてしまいました。私は友達を家に連れてくるのが恥ずかしかったので，それほど友人もできませんでした。

セラピスト❖ そのことを怒っていますか？

クライエント❖ はい，母はもう生きていないのにいまだに腹が立ちます。ほんとに，死ぬまで飲んだくれて，ここで孫を見ることもできなくなってしまった母に腹がたちます。

セラピスト❖ あなたは本当に大変な中で成長されたようですね。そして，もちろん，違ったふうであったら，そして今も違っていたらよかったのにと思っているのですね。成長の過程がそうではなく，子ども時代もほとんどかわいがってもらえなかったことをお気の毒に思います。そのころ，それに対処するのは大変なことだったでしょうね。

クライエント❖ はい，でも他の人たちの方がもっと大変だったのではないかと思います。

セラピスト❖ そのことは，あなたが大変だったという事実を取り去りはしませんね。

クライエント❖ はい。

セラピスト❖ あなたの人生の中で，誰かかわいがってくれた人はいましたか？　お祖父さんお祖母さんか先生か，誰でもいいですが。

クライエント❖ 祖母は母にすら意地悪でした。母があんなろくでなしになった理由の1つはそれだったのではないかと思います。

セラピスト❖ そのことが，あなたのお母様が辛い時を過ごされた原因の1つなのかもしれませんね。お祖母様にもまた，生い立ちの中でそのようにならざるを得ないようなことが起こって，そういうふうに続いていったのかもしれませんね。

クライエント❖ はい，祖母は大恐慌の頃に育って，7歳の時から2人の弟を育てなければならなかったのです。

セラピスト❖ どの人も自分のやりこなさなければならないことに対

して，精一杯しておられると思いますよ。でも，そのことが，あなたの生い立ちが大変で，お母さんやお父さんになにがしかの怒りを持っているという事実をなくしてくれるわけではないと思います。あなたは，お母さんと，お母さんとの関係を思い浮かべた時，何に一番腹が立ちますか？

クライエント ❖ わかりません。あまりにいろんなことに腹が立つので。母がするって言ったことを何もしなかったことに腹が立ちます。いつも飲んでばかりだったことに腹が立ちます。死ぬまで飲むのを止めなかったことに腹がたちます。

セラピスト ❖ こういう腹の立つことすべてを思い浮かべた時，一番の怒りの原因になっていることは何だと思いますか？

クライエント ❖ ほんとに分かりません。

セラピスト ❖ 少しの間あなたのお母さんが信頼できるような人でなかったことに焦点をあててみましょう。お母さんはしょっちゅう，約束した事を果たさなかったのですね。それを考えてみると，どれくらいの怒りがおこりますか？

クライエント ❖ かなり腹が立ちます。

セラピスト ❖ 1から10の尺度で，10が最大の怒りで，1が怒りのなくなった状態だとすれば，お母さんが約束を守らないで，あなたを失望させたことを考えると，今どれぐらいですか？

クライエント ❖ 10です。そのことを考えると混乱するんです。

セラピスト ❖ そのことについて，あなたの助けになるかもしれない方法を知っています。最初はちょっと違和感があるかもしれないけれど，TFT（思考場療法）と言って，鍼灸や指圧のシステムに基づいたものです。私はたくさんのクライエントさんに効果を上げています。もし，あなたがやってみようと思うなら，ビックリするくらい効果がでますよ。あなたがその怒りについ

　　　　　　て考えながら，特定のツボをタッピングする必要があるんです
　　　　　　けどね。どういうふうにするか，私が一緒に自分を叩いてい
　　　　　　きます。あなたはそれがうまくいくかどうか信じる必要もあり
　　　　　　ません。効果があってもなくても，そんなに時間はかかりません。
　　　　　　あなたが失う物はなにもありません。やってみますか？
　　クライエント ❖ OK，助けになるなら，なんでもやります。
　　セラピスト ❖ これはチャンスだと思いますよ。やってみましょう。
　　　　　　始める前に，怒りと一緒に悲しみや，たとえば不安のような別
　　　　　　の感情はありませんか？
　　クライエント ❖ いいえ，本当に腹が立っているだけです。
　　セラピスト ❖ OK，このエクササイズをしている間中ずっと怒りに集
　　　　　　中していてくださいね。何も肯定的に思わなくていいですよ。
　　　　　　10の怒りに集中している間，どんなにお母さんに腹が立った
　　　　　　か，ということを思っていて下さい。あなたの目の真下のくぼ
　　　　　　んだ所を叩いて……

　結局のところ，セッションが進むにつれて，あなたもクライエントも，その母親が飲んだくれて死にまで至ったその怒りに対して，TFTを使いたいと思うようになっていることに気がつくでしょう。

　このシナリオでは悲しみが出てきそうです。養育ができない母親で，人生をお酒でダメにしたというような場合，悲しみが予想されます。怒りとともに，母親はもうこの世にはなく，孫たちは祖母を知ることがない，という悲しみがあるでしょう。怒りと悲しみは結局，父親が2人を見捨てたそのことについてだということをあらわしています。クライエントの言う「いつもイライラしていたくはない」という目標で，何回かのセッションが必要となるような典型的かつよくあるこのような事例には，TFTが短時間でクライエントの怒りを劇的に下げるということは，非常にありうるこ

とです。

　以下の章では，あなたがしておられるよいセラピーをさらによくするために，いろいろな療法に TFT を使った事例を紹介していきます。

第3章
喪失と悲嘆の問題に対する TFTの使用

Chapter 3 ▶ Using Thought Field Therapy to Deal with Issues of Grief and Loss

　　執着と回避で反応すると感情はネガティブなものになります。意識を抑圧することは苦しいからです。しがみつき，また逃げる限り，感情はネガティブなものとなるのです。

テンジン・ワンギャル・リンポチェ
Tenzin Wangyal Rinpoche

　悲嘆を経験することは不可避です。悲嘆の経験は，人生で逃れることができない自然のサイクルです。私たちは個人として，家系や文化的アイデンティティ，宗教的または哲学的信念によって部分的に決められたさまざまな方法で悲嘆に対処します。しかし最終的には，すべての個人が悲嘆に自分独自の方法で対処します。私たち自身の人生に対してと同様，セラピストとして，他者との関わりの中で，悲嘆と喪失の問題に直面することになります。

　深く悲しむことは自然なプロセスですが，人はしばしば不自然に自分の悲嘆に囚われてしまったり，また自分の悲しみが耐え難いことだと感じます。それに，怒りや罪悪感の問題が，人の自然治癒のプロセスを妨げることが頻繁にあります。セラピストであるということは，クライエントがカウンセリングに持ち込む悲嘆に，クライエント自身が対処するのを手助けする専門家であるということです。しかしながら，私たちはしばしば無力に感じることがあります。ただ耳を傾けていること，そしてただその場

にいることは，私たちが知りえる以上に価値のあることだということをわかっています。私たちは，自身の無力感を認める必要があります。誰も亡くなった愛しい人を呼び戻せない，またどんな言葉をかけてもその心の隙間は埋められない，ということを私たちは知っており，その虚しさは常につきまといます。

　悲嘆に慣れることが私たちの最初の課題だと私は信じています。頼まれる前に急いで悲嘆を治そうとすることは，喪失と死に対する私たち自身の不快感を偽ることなのかもしれません。しかしながら，援助を提供する専門家として，特にクライエントに悲嘆のプロセスの援助を求められると，痛みを和らげる以上のことをしてあげたいのです。

　明確な喪失もありますし，分かりにくい喪失もあります。当然のことながら，死を伴わない喪失もあります。死のほかに，健康の喪失に対してクライエントの喪のプロセスを援助することもあり，それによってクライエントの生活はより深みを増すことでしょう。また困難な幼少時代の喪を援助することで，クライエントはより幸せな成人期を過ごすことができます（かつて有名だった「幸福な幼少期を過ごすのに遅すぎることはない」という考え方を，私は信じていません。しかしながら「幸福な成人期を過ごすのに遅すぎることはない」という考え方は信じています）。

　自分の決断ではない離婚の過程にいて，その喪失を悲しむクライエントを私たちが援助することで，彼らは前に進んで，そして幸福な人生を再びまたは新たに作り上げることができます。

　虐待やアルコール問題のある関係から離れるという困難な決断をしようとしているクライエントが，こんな関係でいたかったという夢と理想の喪失を悲しむ援助をします。また，私たちは，自己愛が過度に強い親の元に育った成人が，親がいつかは自分の求めていることや必要なことを与えてくれるという夢の喪失に深く悲しむ援助をするのです。

　臨床でのTFTの使用が，痛みと苦しみに対してもっとも大きな和らぎ

を提供する分野は，喪失と悲嘆が含まれる問題だと思います。

　TFTとより伝統的なセラピーの方法を組み合わせて，クライエントが心の平穏と受容へ向かう援助をしたいくつかの事例を以下に紹介します。

自己愛が強く子どもに応じない親を喜ばせることから身を引く

　冷酷な現実は痛みを生じます。母親から，あなたが望んでいること，必要としていることは決して得られないという事実を受け入れる必要があると，私はアンにちょうど伝えたところでした。私はできるだけ丁寧に，アンの母親は彼女を愛している，誇りに思っている，とても良い子だ，とは決して言わないだろうと伝えました。

　母親を十分に愛してさえいれば，十分に母親のために頑張ってさえいれば，母親が本当に求めていたものに気がつきさえすれば，いつか母親はアンを認め，褒め，援助し，またアンが望むように愛してくれるといったような夢を，大人の女性になったアンは手放さなければならないときなのです。

　アンとのセッションは悲嘆についてであり，またその喪失と折り合いをつけることについてでした。

　アンが私の相談室にはじめて訪れたとき，彼女は夫婦関係について不満があり，この結婚生活を終わらせることについても考えていると私に伝えました。夫婦と家族専門のセラピストと一緒に彼女の考えを整理していくことが，アンがこのマネージド・ケア（総合的健康管理）セッションで明確化した目標でした。しかしながら，夫との関係より彼女を悩ませている関係がアンの人生にはありました。そして彼女がセラピーを求めた本当のわけは，その人物を満足させるために彼女ができることは何かを見つけるために，援助が欲しいということがすぐに明らかになったのです。その人物とはアンの母親でした。

セラピーが進展し彼女の話が明らかになってくると，なかなか満足してくれないアンの母親との関係が話の中心となりました。しかし母親との問題は，彼女が当初考えていたものとはとても異なっていることが明らかになりました。伝統的な心理療法の場でもっとも一般的な問題の1つである「満足させられない人をどうやって満足させられるか？」ということが，まさにアンの悩みだったのです。

　アンは母親から認めてもらうために，自分の知っているかぎりのことをすべて試し，そして母親が「間違っている」ことを理解できるよう自分が手助けできると密かに期待していました。

　アンは良い子に育たなかったわけではありませんでした。彼女は学校では良い成績をとり，家事は自分の役割以上に行い，そして学校では一度も問題を起こしたことがありませんでした。アンは彼女の家以外の場所では，一度も問題を起こしたことはありませんでしたが，家では常に問題を起こしていました。

　アンが子どものとき，彼女の母親はアンの弟であるピーターを溺愛していました。しかし，母親の目には，アンはどんなことも正しくできない子のように映っていました。対象関係の家族療法で「良い対象」「悪い対象」と呼ばれる2つの分裂した世界の中に母親は生きているようでした。ピーターがもちろん良い対象であり，アンが悪い対象でした。アンが子どものとき，もしピーターが何か悪いことをしたら，母親はアンを責め，罰を与える方法を探していたものでした。アンは「ピーターが近所の窓ガラスを石を投げて壊さないように見張っているべきだった」と責められ，また「ピーターが水をこぼさないように，食堂まで水を運ぶべきだった」と責められました。アンがどんなことをしても，母親の目には，アンがいつも悪くて，間違っていて，おろかで，不適切だと映り，今でもそうなのです。

　アンの母親は弁護士として成功したキャリアを持ち，PTAの会長であり，また教会でも積極的に活動していました。とても献身的であり，また

才能のある母親を持てて幸運だと，アンはよく言われたものでした。このことが，母親は正しく，実際は自分の何かがそもそも悪いのだという彼女自身の確信を深めさえしました。

　ピーターが通知表で1つでもAまたはBを取ると，大きなお祝いになりました。アンはいつもAまたはBをいくつかとっていましたが，彼女の母親は「当然，あなたはもっと良い成績を取れたでしょうに」「この数学のBは何？」「宿題をやっていなかったのでは？」「あなたはいつも数字に弱い」などとコメントする程度でした。そしてアンには不公平な数の家事手伝いが言い渡され，宿題に取り掛かる前に，夕飯作り，皿洗い，食事の後片づけ，そしてごみ捨てを済ませなければならず，友達との電話やテレビを観ること，また音楽を聴くことを制限されていました。ピーターには決まった家事手伝いはなく，好きなだけテレビを観たり，音楽を聴いたり，また友達と遊んだりしていました。

　アンの父親は娘を守りませんでした。弱くて無力な父親は，痛ましくも勇気のなさの埋め合わせをしようと，母親がいないときにはアンを特別にごちそうしたり，映画に連れて行ってくれたりしました。

　これらの行為は，恐らくアンにとっての助けと同じくらい，彼自身への助けになっていたと思います。アンと2人でいる父親は，同じように苦しむ人と一緒にいるような安らぎを感じたのでしょう。彼もアンの母親から言葉の暴力を受けていました。しかし，アンは自分の妻に立ち向かわず，また自分自身や娘も守れない父親を軽蔑するようになりました。

　アンの父親は，アンが小一時間続いた言葉の暴力の後に1カ月の外出禁止の罰を言い渡されたときには，しばしば無力感にたたずんでいました。この虐待が起きているときに，彼女の父親は何も起きていないかのように，静かに座って新聞を読んでいることもありました。

　最初に私がアンに会ったとき，彼女はまだ母親を満足させようとしていました。アンの母親が癌であると診断され，そのためのいくつかの手術を

終えた後，アンは仕事を辞め，一時的に夫と2人の子どもと離れ，3カ月間近隣の州に住んでいる母親の世話をしました（アンの父親はすでに他界していました）。

アンの母親の感謝は長くは続きませんでした。母親は病床から，母親を喜ばそうとするアンの強い決意を馬鹿にしました。アンの母親は「本来なら1日に1つではなく，2つの痛み止めを飲まないといけないのに，アンは正しく聞いていなかった」と当然のように言いました。しかしアンは「私はそう聞いていない。ピーターがこのようなときにいないのが残念ね。ピーターなら正しいことがわかるのに」などと言いました(実際，ピーターは母親の近くに住んでいたのですが，職に就くのが困難であり，また大酒を飲み，望むような生活ができていませんでした)。

アンの母親の容態がやや回復してきたとき，アンは疲労し，また打ちのめされた状態で家族の元に帰りました。これらすべての後でさえ彼女の母親は，アンがいかに「良い子」だったかを認めませんでした。アンは，実のところ母親の世話をしている間，2度しか自宅に帰らなかったのです。アンにはしばしばあることですが，母親の娘であることに一生懸命で，自分自身でいる時間，またマークの妻である時間や子どもたちの母親である時間をあまり持つことができませんでした（実際，アンと話していくと，マークが自分の役割以上にアンと子どもたちの世話をしていたことが明らかになりました。そして子どもたちは，アンを気遣うために多くの時間を費やしていることもすぐにわかってきました）。子ども時代の未完の仕事が，アンが個人として，また1人の大人でいることを妨げていたのです。アンは未だ良い子でいようと努めていたのでした。

私はアンに，彼女の母親は明らかにパーソナリティ障害を患っていることを説明しました。母親が自己愛性パーソナリティ障害と診断されるだろうことは十二分に考えられました。自己愛性パーソナリティ障害の関与が力動的な関係に疑われるような時には，私はいくつかの質問を習慣的にす

るようにしているのですが，アンに対しても質問を行い，私の母親に対する直感を確かめました。「あなたのお母さんは常に正しくないといけませんでしたか？　彼女は自分自身の失敗を認めたことはありましたか？　彼女が何かのことで謝罪したことが記憶にありますか？　彼女は"完ぺき"でないといけませんでしたか？　彼女はどんなことをしても他人に"良く"見られたがりましたか？」と私はアンに尋ねました。

　それらの質問に対してのアンの返答で，私の直感は正しかったように思われました。そして，彼女の母親は，自分が気分良く感じられるように，アンをダメな子にする必要があったと説明しました。アンが自身を無力であると感じることで，母親は自分が十分であると感じられましたし，またアンが自身を愚かであると感じることで，母親は自分が賢いと感じられました。また母親は自分が正しいと感じるために，アンが間違いである必要があったのです。

　深刻な自己愛性の問題を持つ人は，まるでブラックホールのようです。力と注目の自己愛的充足は，彼らの周囲の人たちの人生そのものを吸い取ります。そして彼らと関係を持つ人たちにとっては，彼らの支配から逃れるための力を見つけるのが難しいことがよくあるのです。

　過去に，母親の冷遇に疲れたとき，アンは母親と関わらなくなりました。すると，母親はすぐに優しさと表面的な謝罪でアンをおびき寄せようとしました。彼女は，対象関係理論の言葉で言う「悪い対象」という立ち位置に，アンが留まることを必要としていました。そして母親はアンを，自身の内なる自己についての無意識の恐れを投影するための「対象」とする必要があったのです。

　母親は心の奥底で，自分は無力であり，悪く，価値がなく，そして愚かであると感じていた可能性をアンに説明しました。しかしそれらの深く埋もれた感情は，アンの母親にとって意識できるものではなく，母親はアンに投影することによってこの自己内の要素を処理していました。私たちの

多くがそれらの種類の恐れを感じることが時にはある，とさらに説明しました。私たちは時折，自身について心細く感じたり価値を見失ったり，もしくは別の不安を感じるかもしれません。しかしながら，私たちの多くは，心細さ，無価値，もしくは相応しくないといった感情がより容易に対処できる問題になれば，これらの恐れに気づくことができるのです。

　自己愛性パーソナリティ障害を患う人は，これらの感情に気がつきません。彼らはこういった深くに埋もれた感情を感じることをなんとしてでも避けようとします。もし彼らがこの空間に入り込み，痛みを感じたとしたら，それは単純に彼らにとって耐えられない程なので，彼らは自分自身を見つめないようにします。彼らは投影という心理的防衛を使い，自分の中に見ることのできない欠点を，他人の中に見出します。

　当然のことですが，自己愛性の強い人たちは自分に意識が向かいます。だから彼らは，自分が望むように相手がしようとしないとき，その人を自己中心的だと見ます。彼らは，近しい人たちに自分と同じように考えることを求めます。また，自分に近い人たちが反対意見を持っていてもよいと考えていることを理解できません。自己愛性の強い人たちは自分が間違っていることを受け入れられないので，周囲の人たちは自己愛性の強い人たちの現実が正しいと認めなければならず，よって周囲の人たちはほぼすべてのことにおいて彼らに同意をしなければなりません。

　自己愛性の強い人たちはごくわずかな非難に対しても我慢できません。彼らにとって，周囲の人たちの言語化された異なった意見は，激しい非難のように感じられます。この意見の相違が彼らの自己愛的な激しい怒りの引き金となることがしばしばです。自己愛的な激しい怒りとは，大人のかんしゃくの一種です。自己愛性の強い人たちは攻撃は最大の防御であるという考えに基いて行動します。大人の体をしており，またほとんどの事例で，外の世界では教養があったり技術を持っていたりするにもかかわらず，自己愛性の強い人たちは，悲劇的に感情が麻痺してしまっているので

す。彼らは大人の体をした子どもであり，とても小さな子どもがそうするようにたびたび感情的に行動をします。

　私はアンに，お母さんが彼女を愛していないわけではないことを説明しました。母親は彼女の能力の限りでアンを愛していました。しかし母親の誰かを愛するという能力はひどく制限されていました。アンの母親は，世界を思いのままにできるように思っていて，また，他人に共感するという能力に欠けており，アン，アンの父親，そしてピーターを彼女自身の延長だと見ていました。

　アンの母親は時に人とつながるかのように思えたこともあるかもしれませんが，それは周りから良く見られたいという目的からでした。自己愛性パーソナリティ障害を患う能力のある人は，他人に良く見せる能力に長けているとアンに説明しました。自己愛の強い人たちは良い評価，賛辞，感謝等の「自己愛的な供給」を定期的に必要とします。彼らは高い社会的地位のある専門職にしばしば就き，感謝や評価等の自己愛的な供給を維持する目的として政治的な権力をも得ます。この高い評価や感謝といった供給は心理的防衛として働き，彼らの奥底に埋もれた恥や無力感等の感情を感じないようにさせます。高い能力を持つ自己愛性パーソナリティ障害患者は，高い評価や賛辞をたくさん得ることがあるのですが，これが周囲の人たちの側により大きな困惑をもたらします。「もしこの人たちが皆私の母親（父親，または夫）をとても素晴らしいと思うのなら，問題は自分にあるに違いない」

　アンの母親はとても自己愛性が強く高い能力を持っているように見えますが，すべての自己愛性の強い人たちが自分を良く見せることに長けているわけではないことは触れておきます。アンの母親は自分の弱みを外部の世界にはほぼ隠すことに成功していましたが，機能がより低い自己愛性パーソナリティ障害の人たちは，自分たちの限界を隠すことに熟達していません。

上手に隠している，いないという違いにかかわらず，いずれにしても力動的には似ています。自己愛性パーソナリティ障害患者は完ぺきでないといけません。彼らにとって，彼らに完全に同調しないようであれば，他人はいつも間違っています。彼らは自分に疑問を投げかける人たちを非常に批判的に疑い，これが激怒を引き起こすと予測されます。彼らは「自分がしてもらいたいように他人にしなさい」という黄金律とは正反対に生きています。規律は彼らにとっては異なったものなのです。他の人よりうまく隠すことができる人もいますが，他人の体の中に入り込み，その中からその人の視点で物事を見るという共感の能力に彼らは欠けています。むしろ他人は自分の延長だと見ています。そして彼らは自分自身を客観的に見る能力に欠けているのです。

　アンと彼女の母親は暗黙の了解をしており，私はそれを明確なものにする援助をしたいと説明しました。彼女らは，母親の欲求や要求は，アンのそれらよりも重要であるという共通の理解をしているのです。彼女らはこの契約の元，30年以上も過ごしてきました。私はアンに，この契約を破棄し，自分自身を大切にし始めたいかを尋ねました。これをするためには，アンは母親から認められ，また愛をもらうための不毛な努力を手放さなければなりません。アンは「セラピーで母親を変えることはできませんか？」と当然の質問を尋ね，戸惑いを声に出さずにはいられませんでした。

　自己愛性のとても強い人たちがセラピーにくると，自分でない他人をどうやって治せばよいのかという話をしがちであることをアンは知る必要がありました。彼らはセラピストに，他人を治す協力を求めます。他人を治す必要があると心から信じているのです。彼らは完ぺきに自身を守り，自分が完ぺきでないかもしれないという忠告に対しては非常に敏感なので，とても難しいクライエントです。アンの母親がセラピーを楽しむとはまったく思えません。母親はセラピーを信じてはおらず，また物事を大抵悪化させるだけだと思っている，そうアンは認めました。

彼女の母親は「みんな全部親が悪いって文句を言いにセラピーに行く」「いつも両親の責任にされる」とアンに話したことがありました。私は，アンの母親の秘められた恐れに気づきました。そしてアンもその関係を断つことを私に勧められるかもしれないと恐れていることに気がつきましたが，私はそうするつもりはありませんでした。

　過去に起きた出来事，培ってきた知識，遺伝的な限界や能力を考慮すると，人はそのときにできることをしている，そう私が個人的に信じていることをアンに話しました。このことが真実であるかどうかは私には知る由もありませんが，それを判断するのは私ではなく，だから私は他人を非難しないよういつも心がけています。これは，人は責任を問われず，また自身の行動に責任を持たないほうがよいと信じることとは異なります。そう心がけることは，誰か他人の手によって苦しんでいる人に対して共感する妨げにはなりません。相手の考えがとても狭かったり，障害を負っていたり，または能力が欠けているとか理由がどうであろうとも，です。

　一方，母親から養育的で援助的な関わりを与えられず，たびたび酷く扱われたことが母親の能力の限界のせいであり，自分の能力の限界のためではないと理解したとき，アンは心の和らぎを感じました。同時にアンは深い実存的な悲しみと悲嘆の激しい波を体験するようになりました。

　アンに何かうまい別のことができると伝えてあげることができたら，アンは母親の愛を受け認められるということに希望を持てたことでしょう。しかし，母親の能力の限界を新たに理解して，母親から愛を受けるために本当に何もできることがないと，痛みを感じながらも気づいたのでした。彼女たちの関係が苦痛を伴っていたのは，いつも母親の能力の限界であり，アンの能力の限界ではなかったのです。

　私たちは，今この物語の始まりに立ち，アンは真実に直面していました。母親は，アンの望むような形でアンを愛することは決してないのです。アンはおさえきれなくなってすすり泣いていました。

私は，この喪失を悲しみ，母親の能力の限界にまつわる心の平穏と受容を望むか，そしてより健全な母親との関わり方を学んでいきたいかどうかをアンに尋ねました。アンは同意してうなずき，「でもどうやって？」と尋ねたので，TFTを試してみたいかと尋ねてみました。

　私たちは，悲嘆・不安・怒りのTFTアルゴリズムを使い，アンはすぐに母親の能力の限界に関する心の平穏と受容を報告しました。

　アンは次に父親の無能さと自分を守ってくれなかったことに関しての怒りの感情を報告しました。母親に関連する悲嘆を取り扱って初めて，アンは父親に対する怒りがいまだにこんなに残っていることに気がつきました。アンが母親の言葉の暴力に耐える父親をいくぶん好きになっていたことを思い出してもらいました。おそらくアンが父親に対して怒りを感じていた1つの理由がこのことにあると思います。私はここにも悲嘆と不安がある可能性を考えたので，完全策をとって，再びアンに悲嘆・不安・怒りのアルゴリズムをしてもらいました。このときアンは父親への怒りの感情に焦点をあて，タッピング後，アンは再び心の平穏と受容を報告してくれました。

　次の週，アンに調子を尋ね，また良いことでも悪いことでも何か変化に気がついていないかどうか尋ねました。彼女は母親と一度電話で会話をしたが，あまりうまくいかなかったと報告してくれました。母親は，結局「子どもたちのためにしたこと」で，「誰の助けにも頼ることができなかった」ことや「全部自分でやらないといけなかった」「いつもこうだった」などと文句を言いました。「いつもの」通りです。

　私は，母親の文句がどのように彼女に影響したのかを尋ねました。アンはそう聞かれて話すのをやめ，考えなければなりませんでした。そして，自分が母親の言葉に動揺していなかったこと，または自分の生活を犠牲にして母親を手助けする努力をしようとしなかったことを思い出して驚いていたようでした。これはTFTを行う前の反応とはとても異なっており，アンはこの前のセッションで多くのことを達成したことに気がつきました。

しかしながら，アンがこれ以上自宅を離れて母親の世話はできない理由を母親に説明しようとしたのは間違いでした。自分の決断をあのように正当化しようとすることはまったく役に立たなかった，そうアンは言いました。母親を説得しようとしてもどうにもならなかったのです。

　アンが母親のような人に対応するときの1つ目の教訓を私は彼女に指示しました。それは，矛盾しているようですが，「自分自身を守らないようにする」ことです。この考え方は直感に反しますが，自己愛性がとても強い人たちに対応するときには役立つことがわかった1つの方法です。

　アンが思い出せる限りでは，自分の現実と考えを持っている1人の人間として自分を見てもらえるように，彼女は母親を説得してきました。これは，他人を理解し，共感しようとして自分自身をその人の立場に置くことのできる感情的能力を持っており，また分別のある考え方に慣れている人に対応するときに役立ちます。しかしアンの母親は，分別のある考え方に慣れておらず，また共感するための感情的な能力が不足しています。むしろアンの母親の目的は，感情的に生き延びることでした。そして，彼女自身の無力さに対する恐れを誰かに投影することが必要であり，それは大抵アンでした。

　アンは母親に「お母さんがとても助けを必要としているのは分かる」とか「お母さんが私にそばにいてほしいことは分かる」と言うことを学習しなければなりませんでした。そして，彼女はどのように話題を変えるかを学ぶ必要がありました。

　彼女は「それは興味深いものの見方ね。私は違う見方をするけど，お互い意見が違ってもいいと思っている」とか「お母さんが物事をどうみているか分かっているし，私は同じようには見ない。でもそれでいいのだと思う」などと言うことを学ぶ必要がありました。アンは辛抱強くなる必要があり，また自分自身を守りたくなる思いに駆られないよう，我慢する必要があり，私たちは後のセッションでこれらのテクニックを訓練しました。

アンはやがて個人的な攻撃を母親が続けるときは，強制的に電話を切ることを伝えなくてはなりませんでした。そこで，彼女は母親に選択肢を与えました。「私を尊重して話すか，それとも電話を切るかどちらを選ぶ？」。
　母親はアンにネガティブな個人的意見をしないで話すことをゆっくりと学び始めました。アンは一方的に新しい契約を作り，この新しい契約の元では，アンの欲求と願望は母親のものと同様に重要なものでした。
　あるセッションで，私たちはアンの弟であるピーターの問題について取り組みました。前述の通り，ピーターは大酒を飲み，あまりまともには生活はできていませんでした。アンは彼のお気楽な生活について怒りを感じていました。母親は金銭面でピーターをいまだに援助し，彼は母親のお気に入りの子どもであり，また母親の誇りでした。
　アンにはそのようには思えなかったでしょうが，成長の過程で，彼女はピーターより実際良い立場にいたと私は指摘しました。母親を喜ばせるために一生懸命頑張ったことで，アンは他人を助け，思いやりがあり，そして一生懸命になることを学びました。彼女は共感的になること，そして配慮することを学びました。アンはこれらのことを十分すぎるぐらい学ぶことができた一方で，自分の欲求を大事にすることは学びませんでしたが，今彼女は，自分自身を大事にすることを学んでいるのでした。
　自分自身を大切にするのを学ぶことは，他人の欲求を意識したり気が付いたりすることと比べると，容易な課題です。子どもとして，また大人に成長するまで，ピーターはほんの少ししか物事をこなすことを要求されませんでした。彼には責任ある決断力や，自己統制力といった防御因子を発達させる機会がありませんでした。また彼はフラストレーションに対する忍耐や，目の前の満足に走らないことで後に恩恵を得るという能力も学習できず，そして結果，ひどく苦しむことになりました。ピーターは仕事を続けられず，失敗の痛みを麻痺させるために大酒を飲みました。
　上述のような話の後，私たちはアンが弟に感じる怒りに対して怒りのア

ルゴリズムを使い，SUDは4まで下がりました。さらにTFTで，アンの弟に対する怒りはすぐに1まで下がりました。

　アンは，母親の重篤な能力の限界を受け入れて，よくなっていきました。しかし同時に，彼女は母親の虐待を受け入れることを拒むことで，自分自身をより大切にしていました。そして，アンがセラピーを受けるきっかけとなった問題に再び戻る時がやってきました。彼女の夫との関係性です。

　はじめから，アンの夫であるマークは多くのことを正しくやっているように思えました。アンによると，マークは子どもたちにとってとても役に立っていましたし，とても良い父親であり，子どもたちは彼を深く敬愛していました。アンが母親の世話に行ってしまったとき，マークは子どもたちの世話，料金の支払い，そして家や庭の手入れの全責任を引き受け，彼女を支えました。マークは理想的過ぎて疑わしくも思えましたが，もちろん，これがすべての話ではありませんでした。

　母親におとなしく従っていたことに関して言うと，過去のアンは父親のようでしたが，彼女はマークとは恐らく少し違うのではないかと私は思っていました。マークは一所懸命アンを大事にしようとし，自分自身を大事にできていなかったかもしれません。もしくは，アンは反復強迫の一種として母親と結婚したのかもしれません。マークの方への共感能力が欠けており，アンは母親のような人を見つけて，母親から得られなかったものを彼から得ようとしていたのかもしれません。

　実際は，私の1番目の推測がもっとも事実に近いものでした。マークはアンを喜ばすために一所懸命であり，アンはそれを都合よく利用していました。マークは他人を大事にするほどには自分を大事にしていなかったようで，アンは満たされたい大きな心の空虚感を持っていました。それらの空虚感は他人が埋められるものではなく，自分自身の足で立つことを学ばなければならないことをアンに説明しました。

　いくらマークが頑張ろうとも，アンが子どものときに経験した母親から

の教育と援助の欠乏を埋め合わせることはできませんでした。疑いの余地なく，マークもこのことを理解する必要がありました。アンはマークに，彼自身のための個人セラピーを受けるように勧めてもよかったかもしれません。またその後，彼女とマークは短期の夫婦療法を受けることを考慮してくれたらよいと思いました。

　さしあたり，私はアンが自分自身に向き合うことに集中することを勧めました。アンは，マークへの期待を落ち着かせる必要があり，そして自分自身のためにできることへの期待を高めることに，同意してくれました。

　最後の2セッションで，私たちはアンの自尊感情の問題に取り組むためにTFTを使いました。

　私たちは，アンが愛されないと感じる気持ちにフォーカスすることから始めました。すでにいくぶんこの問題に関して認知的によくなっていましたが，この「愛されない」という感情に行き詰っていました。悲嘆と不安のアルゴリズムをしている間，アンのSUDは8から1に素早く落ちました。（私が悲嘆と不安のアルゴリズムを選んだのは，アンのこれらの感情が，過去の経験からの傷と，現在も将来的にも愛されないという不安があるからです。自尊感情の問題への対処は5章でより詳しく述べられています）

　私たちはアンの無能さやおろかさの感情に対しても同様の方法で取り組みました。TFTの悲嘆，不安のアルゴリズムを使うことによって，今回の感情もSUD 6から1まで落ちました。

　アンとマークの関係性については，将来的にまだ取り組む必要のある力動があると私は感じました。アンがより母親の子どもでなくなり，より確立した1人の人間になるほど，それはアンとマークの関係性の構造に転換していくだろうと思いました。彼女はすでに気分がより良くなっていることに気がついており，また母親を喜ばすことに身を投じることが減り，2人の子どもたちに興味を持つようになっていました。またマークとの関係にも離婚の可能性を考慮するほどには不満を感じていませんでした。

マークはアンとの関係の中で，より自分自身を大切にし，彼女を喜ばせることに気を遣わないようにすることを学習しなければいけませんでした。マークが彼女を喜ばそうと一生懸命になることをやめ，分化した人間になるための努力をするのなら，アンは彼により満足するような気がしました。今後，彼らはさらなる専門家の手助けを必要とするかもしれませんし，より直接的で成熟した大人のカップルとして成長し続けるかもしれません。

　8回のセッションで，アンは母親が自分が理想とし，また必要とした母親になってもらいたいという空想の喪失をやりきることができました。彼女はより現実的に母親と関わるようになり，より自分のことを大切に扱い始めました。彼女の弟であるピーターは未だ母親の「お気に入り」ですが，アンは彼のことを「幸運な子」であるとはもう思いませんでした。

　アンはより分化した大人のようになっており，またそう振る舞っていました。彼女は夫に対してより現実的な期待をし，また愛されない，もしくは無力という感情についてはもう言及していませんでした。

●アンのTFTの手順

悲嘆・不安・怒り：

眉頭，目の下，腋の下，鎖骨下，小指，鎖骨下，

9g,

眉頭，目の下，腋の下，鎖骨下，小指，鎖骨下

怒り：

小指，鎖骨下，9g，小指，鎖骨下

悲嘆・不安：

眉頭，目の下，腋の下，鎖骨下，

9g,

眉頭，目の下，腋の下，鎖骨下

関係性と子ども時代に関する喪失感
子ども時代の記憶が意識では思い出せない事例

　私の部屋に入る前からヘレンは泣いていました。彼女は看護師として地元の病院に雇用されており，その日は休みを取っていました。ヘレンは3年間の「地獄の関係」を持っていたことですすり泣いていました。こげ茶の彼女の目から涙はにじみ出続け，それが話をするときに顔を流れ落ちました。ダークとヘレンが最初に会ったとき，彼は自信なさげであり，また内気でした。人を世話することに慣れていたヘレンは，ダークに一時期の指導をし，ダークはヘレンの手を借りてセラピーを受けるのに十分な自信を身につけていきました。

　やがてダークは自信過剰になり，他の女性たちとデートをするようになりました。ヘレンは打ちのめされましたが，同時にダークに戻ってきてもらいたくなかったとも私に告げました。ヘレンは過去に多くのセラピーを経験しており，長期的なセラピーには興味がないと話しました。彼女は援助を求めていましたが，即効性のあるものを欲していたのです。私はヘレンに，短期的な介入で治療目標の達成が可能なセラピーを提供できると伝えました。結果の約束はできませんでしたが，従来とは少し異なり，しかし効果的な方法を試してみたいということなら，それは可能でしょう。

　理性の部分では，ヘレンはダークが自分にとって良くないことを知っていましたが，同時に，彼のことを乗り越えることが困難でした。最初のセッションで，私たちはダークとの関係がうまくいかなかった事実に関連した悲嘆にさっそく取り組みました。シンプルな悲嘆のアルゴリズムをすることで，ヘレンのSUDは9から1へとすぐに下がりました。そして，私はいつも行いますが，これらの喪失の感情や悲しみを引き起こしたと思える過去のさまざまなシナリオを想像することによって，この問題を詳しく確認することをヘレンに求めました。もし望まない感情がこの問題のい

くつかの局面にまだあるとするなら，一緒に取り組むためにそのことを知る必要がありました。

するとただ想像するだけで不安の SUD が 9 まで上がる状況をヘレンは思いつきました。彼女はダークに再び戻ってきてもらいたくないことは明らかですが，他の女性と一緒にいる彼を目撃することを想像すると悲しさと不安でいっぱいになりました。

ヘレンは大きな町に住んでいますが，彼女とダークは同じアパート群に住んでいるため，そのような光景はそのうちにあり得ることでした。

今回は，不安・悲嘆のアルゴリズムを組み合わせて使い，ヘレンはすぐにダークが他の女性と一緒にいるイメージに不安を感じないと報告しました。ヘレンは「すごく軽くなった」と言い，もしこの治療法の効果が「続く」のであれば，次週は別の問題に取り組みたいと言いました。

2 度目のセッションの最初，ダークとの関係が終わったという事実に関して少し悲しさを感じるとヘレンは報告しました。彼女は彼が 1 人でいるのも，他の女性と一緒にいるのも公の場所ではまだ見ていませんでした。しかしながら，もしダークが他の女性と一緒にいるのを見たとしたら，「単にその女性をかわいそうに感じるだけ」と彼女は考えていました。

ヘレンは次に取り組みたいと思っていることについてとても複雑な感情を持っていました。彼女は 12 歳以前の記憶をあまり覚えていないという点で普通ではありませんでした。以前のセラピストは，彼女が子どものときに性的に虐待を受けたのではないかと疑っていました。ここ数年で体験した 2 つのフラッシュバックはこの疑いにある程度の信頼性を与えるものでした。加えて，彼女はこの疑いを母親に伝えており，母親はこれらの出来事が起きたことは十分にあり得ることだと考えていました。いずれにしても，この時期の記憶を探ろうとしたとき，恐怖と怒りに圧倒されてしまったことがあったので，謎の子ども時代に関連したことを考えたり，感じたりしないようにしていました。

この場でヘレンは自身の失われた時間について考えることに同意しました。イメージや音声といった形では記憶を感じることはできなかった一方で，彼女は強い恐怖と怒りの感情を体験していました。

　ヘレンは抑えきれずすすり泣いていました。私たちは，悲嘆・不安・怒りのアルゴリズムを使い，悲嘆と恐怖の感情に関してはSUDが1まで下がりました。しかし彼女の怒りのSUDは始める前より高まってさえいると彼女は報告しました。

　彼女はもうすすり泣いてはいませんでしたが，怒りに意識を向けると，息がほとんどできなくなり，今度は怒りのアルゴリズムを単独で行うことで，SUDは1まで下がりました。ヘレンは，これほど「軽く」感じたことは記憶になく「胸が空っぽになり，空気で満たされていて，それは幸せに満ちたもののように感じる」と表現しました。

　ヘレンは記憶を「取り戻す」ことに対しては興味を持っていませんでしたが，間違いなく何か悪いことが起きたことはわかっていました。そして今や恐怖と怒りから解放されて，何が起きたのかということに対しても想像がついていました。しかし，ヘレンは過去の出来事によって，今の自分が何者であるかということを明らかにしたくはなかったのです。彼女は前に進みたかったのです。

　彼女は，今の自分と未来の自分をどのように大切にできるかについて話し合う準備が整いました。彼女は今まで馴染んでいた世話焼きの役割を手放したいと思っていました。話の中で，性的虐待を受けた人は他人に支配的になりたいという傾向があるという，私の経験上の話を伝えていきました。性的虐待を受けた人たちは子どものときに自由がなく，彼らは世界を「支配するか，支配されるか」という視点で物事を見ます。だから彼らは，パートナーはすべて平等でお互いをコントロールし合わない，という第三の選択肢を学ぶ必要があるのです。

　性的虐待を受けたことのある人は，コントロール欲を満たす方法とし

て，受動的であり，無力で，依存的なパートナーを選びます。それが安全に感じるのです。彼らは，人生がうまく進んでいる人，世話する人を求めていない人，また「治される」必要のない人を見つけることを学ぶ必要があります。私たちの3度目であり最後のセッションでは，上記について話しました。

多くのクライエントがTFTを行う過程で，より自分の過去について思い出し始めます。ヘレンの事例では，これが彼女の目標ではありませんでした。彼女が子ども時代のことを今思い出しているのかどうかは私には分かりません。

一昔前，セラピストは，詳細に何かを思い出させることを強調していました。それが過去からのネガティブな重荷から解放されて先に進むのを援助する1つの方法でした。ヘレンはこの先，再び私の援助を求めるかもしれませんが，「記憶」が戻らなかったにもかかわらず，3回のセッションの間に彼女がより幸せで健全な人生を歩み始める援助ができたと言えるはずです。

通常の形としては思い出されることのない記憶に対して，TFTがどのように役に立つかということをヘレンの事例は物語っています。つまり，記憶が画像や映像，また音としても存在しないということです。彼女の事例は，TFTが視覚的，または聴覚的な記憶を思い出す必要なく，どのようにクライエントの改善を援助できるかを明らかにしています。

ヘレンの2度目のTFTは「歯－靴－こぶ（TSL）」の法則の例も含んでいます（TSLの法則とは，TFT用語で，問題がわき上がってくる順に段階的に取り組むことを言います。詳しい説明は第10章「FAQ よくある質問」をご覧ください）。この事例では，怒りのタッピング・スポットは最初のTFTに含まれていましたが，ヘレンの思考場は，はじめ怒りにチューニングしていませんでした。だから怒りに対しては，悲嘆と不安（恐怖）が落ち着いた後，2度目のアルゴリズムとして別途取り組む必要があった

のです。

●ヘレンの TFT レシピ

悲嘆・不安・怒り：

眉頭，目の下，腋の下，鎖骨下，小指，鎖骨下

9g

眉頭，目の下，腋の下，鎖骨下，小指，鎖骨下

怒り：

小指，鎖骨下

9g

小指，鎖骨下

破壊的で外傷的な喪失直後の悲嘆，罪悪感，怒りの軽減

　1人っ子を失ったり，また子どもが無分別で残虐な方法で殺害された場合の喪失より大きな喪失はありません。グレースの1人息子エディは，残酷で残忍なギャングの犠牲となり撲殺されました。さらに悪いことに，彼女はこの17歳の少年が間違った人たちとうろついていると感じていたため，彼が複数の友達と一緒に暮らすために東海岸に行かせたことに罪の意識を感じていました。エディは薬物にどんどん関わるようになりましたが，グレースは古い友人たちから離れたことや東海岸の友達と一緒に時間を過ごすのは息子にとって良いことだと考えていました。

　グレースがセラピーに初めて訪れたとき，彼女の頭にはエディの記憶がこびりついていました。彼は病院のベッドに体を横たえ，いくつもの管が体に貼りつけられ，暴行により頭部が大きく変形し昏睡状態で，夜が明ける前に命を落としたのです。

エディがとても恐ろしい死に方をしたという認識は，短くも幸せな彼の人生についてのグレースの記憶を，完全に拭い去ってしまいました。グレースはエディと過ごした良い思い出や何年間も楽しんだ親密さ，そしてエディのたくさんの能力や優しさを思い出すことができませんでした。唯一この恐ろしくまた残酷な記憶だけが残っているように思えました。私がグレースに息子の死に関する悲嘆を乗り越えたいかどうかについて尋ねなかったことは，重要ですので覚えておいてください。

　愛する人を失った人にとって，彼らの悲嘆が愛する人たちとのつながりを保つ1つの手段であるかのように感じることがよくあります。悲嘆を乗り越えてしまうことは，彼らの愛する人が本当に逝ってしまうことを意味し，本当の意味で1人ぼっちになってしまうと思うのです。悲嘆はつながりを感じる1つの方法です。さらに，悲嘆を経験している人にとって，喪に服さないことは，彼らの喪失を軽視すること，もしくは愛する人に忠実でないこと，または旅立った愛する人の重要性を汚すことになると感じるのです。

　だからもちろん，私はクライエントの悲嘆の初期段階には，彼らが悲嘆を克服したいかという質問は決してしません。その代わりに，私はグレースに息子の最後の記憶の影響を小さくしたいかどうかを尋ねました。するとおそらく，彼らの人生を形作っている大小の出来事で，一緒に笑っているときや祝っているとき，また時に泣いているときの記憶など，より幸せな記憶を通してエディとつながっているように感じるでしょうと私は促しました。

　もちろんグレースは息子の記憶と前向きな形でつながりたいと思っていました。私たちは悲嘆・不安のアルゴリズムを使い，そのセッション中に，グレースのエディとの最後の瞬間の記憶は薄れていきました。彼女は微笑み，そしてエディがとても面白い子どもだったことを自分が話したかどうかを私に尋ねました。

2回目のセッションで，当然のことですが，グレースは途方もなく大きな喪失をまだ悲しんでいました。また息子を東海岸に送ったことに，彼女は強い罪悪感を体験していました。グレースと私は認知療法を実施しました。彼女の意図は良かったこと，彼女は水晶玉で未来を予測できたわけではないこと，また私たちは結果論的に物事を考えてしまうことなどを伝えました。

　彼女は，これらの考え方は完全に理解できると同意してくれましたが，罪悪感には変化がなく，右脳と左脳はつながらないようでした。そこで息子の死に関する罪悪感を，TFTで軽減させてみることにしました。安全策をとって，過去のトラウマ／悲嘆・不安・そして罪悪感のアルゴリズムを使いました。罪悪感に意識を向けたとき，グレースはSUDを1から10のスケールで「20」と報告しましたが，TFTを終えた後のSUDは1だと報告してくれました。

　グレースの事例では，喪失が初期段階だったので，治療中に幾層もの罪悪感や悲嘆があらわれました。そのいずれの場合でもTFTは彼女の痛みや苦しみを少なくともいくぶんか和らげることができました。グレースの事例は特に短期の治療というわけではありませんでしたが，この期間中の私の援助は，TFTの適用と同じくらい大切であったということは疑いを持ちません。これはTFTが支持療法と組み合わされ，お互いの治療法を高めあった事例でした。

　治療が進むにつれ，怒りの問題があらわれてきました。エディの父親がエディのために何もしてあげなかったことに対する怒り，それにギャングのメンバーに対する怒り（そのときまでには，彼らの数人は逮捕され，また数人は本名と顔が明らかになっていました）でした。そのいずれに対してもTFTでの介入が成功し，素早く長続きする安らぎをもたらしました。

　一連の援助を終了した後，グレースは再びやってきて，エディの殺害者たちの裁判に出席することについての不安に取り組み，焦点を当てている

間，不安を軽減することができました。後に，グレースは手紙で，「裁判に出席することは困難だったけれども，彼女は理性と心の平穏を保つことができ，裁判は望むように進んだ」ということを知らせてくれました。

　グレースの事例は，初期段階の喪失にどのように取り組めるかということ，またどのように支持療法と TFT を組み合わせられるかも示しています。

●グレースの TFT レシピ
　悲嘆・不安：
　　眉頭，目の下，腋の下，鎖骨下
　　9g
　　眉頭，目の下，腋の下，鎖骨下
　悲嘆・不安・罪悪感：
　　眉頭，目の下，腋の下，鎖骨下，人差し指，鎖骨下
　　9g
　　眉頭，目の下，腋の下，鎖骨下，人差し指，鎖骨下
　悲嘆・不安・怒り：
　　眉頭，目の下，腋の下，鎖骨下，小指，鎖骨下
　　9g
　　眉頭，目の下，腋の下，鎖骨下，小指，鎖骨下

第4章
TFTを使って怒りに対処するプログラム

Chapter 4 ▶ Using Thought Field Therapy in an Anger Management Program

「許し」こそ，過去の心の痛みを癒す基本的な方法であることに気づくでしょう。

ジャック・コーンフィールド『心のこもった道』
Jack Kornfield, *A Path With a Heart*

深刻な精神の病でかつ食物過敏に苦しんでいる人が，何層にもわたる怒りにTFTを適用した例

以前，私は監獄や刑務所への再入所を防ぐための保護観察の集中プログラムからたくさんの紹介を受けており，その中でも多かった依頼は怒りの対処についてでした。

そうしたプログラムに入った人がTFTを使うことで，怒りをコントロールするというよりも，思考場からパータベーションを取り除くことによって，怒りが処理されると学ぶことは，とても大事なことなのです。

ダフネは保護観察中でした。彼女は双極性気分障害および統合失調症と診断されており，また，てんかんにも悩まされていました。これらの症状に対しては投薬で効果が表れており，彼女はとても賢く，適応しているように見えました。ダフネは40歳，3人の子持ちで，その子どもたちは父親と別の州で暮らしていました。

まず，保護監察官が怒りによる問題があると考え，私に紹介したことを伝

えて，本当に怒りがあるのか尋ねました。すると，当時収監中の恋人に会いに行けない怒りとショックを感じていると認めました。彼に会えないことが寂しく，会いに行かせてくれない保護監察官に怒りを感じていたのです。

恋人のジェイムスはDVで収監されていました。ダフネは何度か彼に暴力を受け，殴られて，肋骨を折ったり，目に痣を作ったり，唇が腫れ上がったこともありました。それでも「これは彼がお酒を飲んだ時だけ」と言うのです。彼女は彼を心底信じていて，刑務所での経験でジェイムスは改心すると思っていました。

第1回目の面接の終わりに，彼女がこのセラピーの目標を口にしました。ダフネは怒りをもう少しおさめたい，また，右手の小指の横の痛みもやわらげたいと言いました。（怒りを治療する時に度々使うTFTのポイントである心経絡のポイントと図らずも重なっていました。）

第2回目の面接で，ダフネの生育歴を聞きました。結婚して20年になるのですが，夫は彼女を無視し，めったに家にいなかったそうですが，皮肉なことに離婚後は，彼は仕事を変えて家にいるようになったそうです。ダフネが今のボーイフレンドであるジェームスとつき合いはじめて5年になるとのことでした。

ダフネの父親はアルコール依存症で，身体的にも，性的にも，精神的にも彼女を虐待しました。父親が性的虐待をするようになったのは彼女が12歳の時でしたが，妹に対しては3歳の時からでした。ダフネは16歳になると我慢しきれなくなって，父親を脅して家を出ました。彼女の知る限りでは，父親はこの対決後，妹には決して手を出さなくなったそうです。その後，結婚して子どもをもうけてから，ダフネと妹は沈黙を破り，母親に性的虐待について話しましたが，まったく信じてもらえなかったそうです。

ダフネは，父親に対し怒りを感じていながらも，実は許したかったのです。彼女は父親を愛していたし，親子の関係を保っていたかったと言うのでした。そこで，次週の面接で彼女のかつての加害者に対する怒りを扱う

ことにしました。

　次の面接では，ダフネが望んだように，父親に対する当然の，しかし本来は望んでいない怒りに取り組み始めました。単純な悲嘆／不安／怒りのアルゴリズムでダフネのSUDは1まで下がりました。ダフネはその時，父親が亡くなって嬉しく思ったことへの罪悪感に今気づいたと報告してくれました。父親は数年前に亡くなっており，私たちは罪悪感のアルゴリズムを使って対処しました。

　この面接で，ダフネは父親に対しずっと穏やかな気持ちになったと報告してくれました。彼女は父親自身もより穏やかになっただろうとも言いました。私は，父親が亡くなって喜んだ彼女に罪悪感を持つことはないと理解できるよう援助し，過去に起こったことのために，父親が亡くなったことでホッとしたのは極めて自然なことであると伝えたのです。面接の最後には，亡くなった父親に対する怒りはなくなり，彼が亡くなったことを喜んだ自分への罪悪感もなくなったのでした。

　5回目の面接では，日常生活でたびたび出現する混乱した記憶に焦点をあてることになりました。この煩わしい記憶や嫌な思考は初めて父親にいたずらされた時に由来していました。この時の施療は残念ながらそう簡単にはいきませんでした。まず，トラウマ／不安／怒りのアルゴリズムを使ったのですがうまくいきません。心理的逆転の修正，再発性逆転の修正を行っても変化はなく，ダフネが人生でこの恐ろしく外傷的な出来事について考えるとSUDは10で止まったままだったのです。最後に，鎖骨呼吸を思いつきました。鎖骨呼吸をしたあとは，トラウマ／不安／怒りのアルゴリズムに反応し始め，すぐにこの恐ろしい出来事についてSUDが1になりました。

　この同じ面接で，罪悪感を伴った別の問題が浮かび上がってきました。ダフネは両親の家で暮らしていた最後の日を思い出しました。それは彼女が父親に特にひどく殴られ，「私にもう一度触ったら殺すわよ！」と言っ

た日のことです。

　ダフネがこの言葉を言ったのは当然でよく言えたと思いますし，また，彼女の言った言葉が彼女と妹をさらなる虐待から守ったであろうことも知っていました。それでもダフネは罪悪感を持っており，その感情のSUDは7でしたが，罪悪感のアルゴリズムを再度使うことで，SUDは1まで下がりました。

　次の面接でダフネはもう何の怒りも感じないこと，また過去に対するネガティブな感情もないし，「タッピング治療」の効果に驚いたと報告してくれました。

　その後の数週間で私たちはダフネの保護監察官に対する怒りに取り組みました。その怒りで，ダフネは恋人を訪ねる許可をちゃんと得なかったのです。私たちはまた，人ごみ恐怖と広場恐怖も乗り越え，最初の面接で彼女が訴えていた小指の痛みも徐々に消えていきました。

　ダフネは次に食べ物に過敏なのかもしれないと訴えてきました。てんかんばかりでなく，時々ひどい偏頭痛にも悩まされており，慢性的な疲労もありました。

　私は診断レベルまでのTFTを学んでいたので，キャラハン博士が開発した進化型の筋テストによって個別のエネルギートキシンのテストをダフネに実施することができました。（もしあなたが診断レベルまで学んでいなければ，偏頭痛やてんかんでしばしばみられる脳の電気的な異常などの根本的原因を突き止めるために，より上のレベルまで学んだセラピストにクライエントを紹介したほうがよいかもしれません。）ダフネの場合，筋テストを通じて，実際に乳製品過敏であることが確かに判明しました。

　食物過敏の可能性を特定する別の方法として，アレルギー専門家の医師コカ Althur F. Coca 博士が開発したパルステストを教えました。このテストは食べ物や環境に過敏かもしれないと思われる人々にとって，有害となったり症状を引き起こすかもしれない食べ物や他の物質を特定して援助

するためのツールとして考案されたものです。可能性のあるものが特定されると伝統的な食事制限が役に立つのです。

　コカ Althur F. Coca 博士のテストの根拠となっているシンプルな理論は，自分にとって合わない食べ物を摂取したり，合わない物質を吸入すると脈拍が通常レベルより明らかに増加するというものです。ダフネの場合，乳製品を含む食品を摂ると，30分以内に脈拍が毎分60から80代以上に上昇するのです。こうして，ダフネはパルステストからも乳製品過敏症の可能性を受け入れたのです。（多くの事例で，クライエントはミルクやサワークリームやヨーグルトに過敏になりやすいが，特定のチーズは大丈夫だということがあることを記しておきます。ダフネの場合はたまたま試したすべての乳製品に過敏でしたが，乳製品や醤油や野菜といった一般的な食物の分類ではなく，個々の食品についてテストすることが重要です。)

　乳製品を制限することはダフネにとって易しいことではありませんでした。というのは，彼女はほとんど乳製品で生きていたからです。食べ物で問題のある事例ではよく見られるように，ダフネは乳製品に頼っており毎日食べずにはいられなくて，時には1日3食ともということもありました。

　しかし，パルステストをしてから，ダフネは試してみることを了解し，1週間乳製品を制限してみました。次の週，乳製品をすべて制限してから，まったく頭痛が起きなかったと報告してくれました。そして，彼女の慢性的な疲労感もなくなっていたのです。

　11回目の面接でのことです。ダフネは恋人の仮出所の聴聞会に出席する準備を始めていました。彼女は不安が強過ぎて，何か聴かれた時に間違ったことを言ってしまうのではないかと怖れていました。不安のアルゴリズムを使ってその時点の不安は7から1までになり，ダフネが必要な時いつでもできるようにレシピを渡しておきました。

　次の週，彼の仮出所が認められなかったと悲しそうに報告してくれました。しかし，明るいこともあって，仮出所の聴聞会で質問をされても不安

にならなかったそうです。また，乳製品を制限してからというもの，疲労感がずっと減り，偏頭痛もまったく起こらなくなったそうです。ダフネの割り当てられた12回の面接はこのようにしてすべて終了しました。しかし4カ月後，彼女の保護監察官は，もう3回追加の面接を許可してくれました。これらの面接はジェイムスの出所に向けての準備に使いました。

　4カ月後に私がダフネに会うと，このあと6カ月間も彼が更生施設に入れられることへの不満を訴えました。私は彼女がそのことのプラスの面を見ることができるように援助しました。ジェイムスも援助を受けていましたし，面会時間内に彼に会いに行ける時ができました。すべてがうまく行けば，彼らは週末には会えて，何よりも重要なことは，彼女がその間安全であることだと徐々にわかっていきました。

　続いての面接で，ダフネの不満に焦点をあててTFTを使いました。私はいつも，欲求不満は低いレベルの不安に怒りが混ざり合ってできていると考えています。そこで私たちは「欲求不満」のアルゴリズムや不安／怒りのアルゴリズムを使って欲求不満のレベルを1〜2まで下げました。ダフネは働いていなかったので，彼女の意識をジェイムスから離す必要もありました。私は彼女に図書館に行って図書カードをもらい，本を選ぶとか，自分のために読み書きのクラスについて聞いてくることを提案しました。このことがもしかしたら生活に何らかの興味を持たせたり，余った時間をうまく使う手伝いをしてくれるかもしれないと思ったのです。彼女が再び仕事に戻ることについて話し合い，能力的な障害から抜け出す可能性について話し合いました。そのためには，ダフネが再度CNA（准看護師資格）訓練を受けテストに合格する必要があり，彼女はこの案を考えてみてくれることになりました。

　1カ月後，彼女が最後の面接に訪れて，良い知らせを持ってきてくれました。CNA試験で98％という高得点を取り，クラスの首席で卒業したのです。彼女は最優秀の成績で卒業生総代となりました。それでもっと上の

学校に行きたくなったと報告してくれました。

　ダフネはすぐに隔週末にジェイムスと会うことができるようになりました。彼女は特別な場合を除き，乳製品を制限しており，もはや疲労感も以前のような頭痛もありません。何よりも重要なことは，ダフネは刑務所から日常生活に戻るための調整をする第三者を含むプログラムに入るほど成長したジェイムスに会えていることです。

　ダフネの話は，部分的に投薬によってコントロールされていた深刻な精神疾患を患っている人とのセラピーでTFTを使った例です。それはまた，幾重にも重なった怒りに対するTFTの適用の例でもあるのです。ダフネの5回目の面接で鎖骨呼吸を使ってから，ようやくトラウマに取り組むTFTのアルゴリズムが効を奏するようになったということにも注目すべきでしょう。そして，もし乳製品が彼女の生活に悪影響を及ぼしていたという事実を特定できなかったら，ダフネは疲労感と頭痛のせいで仕事に戻るのはかなり難しかったでしょう。

● ダフネのTFTレシピ

悲嘆／不安／怒り

　眉頭，目の下，腋の下，鎖骨下，小指，鎖骨下

　9g

　眉頭，目の下，腋の下，鎖骨下，小指，鎖骨下

罪悪感

　人差し指，鎖骨下

　9g

　人差し指，鎖骨下

不安／恐怖

　目の下，腋の下，鎖骨下

　9g

目の下,腋の下,鎖骨下

欲求不満(不安/怒り)

目の下,腋の下,鎖骨下,小指,鎖骨下

9g

目の下,腋の下,鎖骨下,小指,鎖骨下

あなたが関わっている怒りが転移の問題である時のTFT

　エドアルドはとてもハンサムなラテン系の男性で,大きな建築会社のプロジェクト・マネージャーとして雇われていました。彼は保護観察の状態ではなかったのですが,裁判所から私の「怒りの対処プログラム」に紹介されてきました。予約を入れるまでに数週間待ってもらうことになりましたが,ようやくこの裁判所命令のプログラムが実行される時が来ました。彼の訪問から遡ること3カ月,エドアルドは妻のタニアを強く押して,壁に押しつけ,はりつけました。彼女はそこからやっと逃れると,警察を呼び虐待を訴えたのです。エドアルドは留置所で一晩過ごし,翌朝保釈金を積んで釈放されました。彼には最小の10回で「怒りの対処プログラム」を完了することが課せられていました。

　エドアルドは彼の2番目の妻であるタニアに対したびたび言葉による暴力を加えていたことを認めていました。タニアとエドアルドは結婚して約10年になります。エドアルドの最初の妻は,子どもたちの母親で,彼の言葉と身体的虐待が理由で何年も前に離婚していました。妻の手首や腕に痣ができるまで押しつけたのは今回が初めてではないということを認め,うなだれていました。彼は,心底良心の呵責を感じているようでしたが,同時に変われる望みはないと思っているようでもありました。エドアルドはこの自分の怒りの爆発をコントロールするために何ができるのかまったく思

いつかないと言いました。怒りがどこからくるのか分からなかったし，彼の言葉を借りれば，「そういうふうに作られている」のだと諦め気分でした。

タニアが訴えた，ここ一番最近のDVは，彼女がちょっとした病気になって治りかけの時のことでした。彼女は数日間布団に入っていましたし，エドアルドは自分の暴力の引き金が何なのかまったく思いつかなかったのです。

私はいつもどおり仮説を立て始めました。もしかしたら，エドアルドは何でもやってもらうことになれていて，タニアが病気のわずかな間も，自分で何かをしなければならないことが我慢できなかったのではと考えました。タニアが病気の間，自分の面倒を見るだけでなく，彼女の面倒も見なければならなかったのかもしれないとも思いました。もし彼がこのことを無理と感じていたとしたら，そしてつい爆発したとしたら……。もしこの事例がそうであるなら，エドアルドの権利の問題と言えないこともないでしょう。

しかし，すぐにそれが実際とは異なることが明らかになり，私は最初の仮説を捨てることになりました。そして，まったく別の性質のものと取って代わることになったのです。宿題として，私はエドアルドに過去の怒りの噴出とそれが起こる前の状況を思い出すか，できれば，箇条書きで紙に書き留めてくるように頼みました。

2度目の面接で，怒りの噴出に先立って起こった過去の出来事のリスト，彼が思い出したものを検討し，エドアルドと私はともに，タニアの病気がそういう出来事であることに気がついたのです。それはたびたび彼の怒りの爆発の前の出来事となっていたし，またタニアの金銭面や彼女の親戚との関係に関する不安にもなっていました。この状況についてしばらく扱っているうちに，エドアルドと私は，どんなことに関してもタニアの不安が彼の怒りの引き金になっているようだと気づきました。

私はエドアルドに，タニアの不安が彼を不安にし，その不安がすぐに怒

りになるのではないかという仮説を提示し，怒りは二次的な感情で，傷つきや怖れをいつも隠すものであることを指摘しました。まだ理由ははっきりしませんが，エドアルドは妻の不安に対処するのが困難なようでした。おそらく，他の多くの男性同様，彼は物事をきちんとできなければならないと思っていて，それができないことに非常に嫌悪感を持ち，去勢されたようにさえ感じるのでしょう。実際，プロジェクト・マネージャーとしてのエドアルドの仕事は物事をきちんとすることです。しかし，彼は妻の病気や金銭面の不安や，親族間の問題についての不安などを何とかすることができなかったのです。この説明に納得したようで，彼は初めて変化への可能性に望みを持ってくれました。問題解決に慣れた人にとって，問題を名づけることが問題解決の最初のステップだと知っているようでした。エドアルドはタニアの不安に関わる彼の怒りや不安を減らすためにTFTを試すことに同意したのです。

　妻が不安を感じていることについて考えると，彼は自分が不安になり，動揺して，怒り出すことに気づきました。私たちがTFTの不安／怒りのアルゴリズムを使うと，すぐに妻の不安に関わる彼の怒りと不安のSUDレベルは1になりました。エドアルドは，妻が不安になるとその結果として自分が不安と怒りを感じるようないろいろな場面をいくつか考えてみると，場面の中に2つだけ相変わらず彼の怒りと不安の感情の引き金となる力を持ったものがありました。同じ不安／怒りのアルゴリズムを使い，大変異なるこの2つの場面に対処しました。エドアルドはそれぞれについてすぐに怒りや不安を呼び覚ますことなく，あらゆる可能な場面を思い返すことができるようになりました。

　エドアルドはかなり深刻な様子で3度目の面接にやってきて，間もなく，どうしても話さねばならないことがあると言いました。この1週間タニアの不安に関わって不安や怒りをまったく感じることはなかったが，なぜか自分を悩ませることが起こった，深い眠りから覚めてしまうようなフ

ラッシュバックを経験したというのです。その場面は彼がベトナムで体験した事件でした。エドアルドは，ベトナム戦争の時に良心的兵役拒否者で，ベトナムで2時間の衛生兵に任じられました。ある時，待ち伏せにあい，彼は救急箱を手から離してしまいました。彼の右側には若い兵士が死にかけて横たわっていて，左側には救急箱があるのです。しかし，エドアルドと救急箱の間を交差射撃が絶え間なく続いており，彼は砲撃の中を這って行って救急箱を回収しました。しかし，彼のこの勇ましい努力にもかかわらず，その若い兵士は亡くなってしまったのです。

　東南アジアから帰還してから以後何年もの間，エドアルドはこの記憶のせいで毎晩苦しんだのでした。それでも時とともに，この頻度は減って，私たちが会った頃には，この記憶のせいで眠りが妨げられなくなってからもう何年も経っていました。TFTを行っているとしばしば起こることですが，表面的な問題をうまく処理するとすぐその下にある問題があらわれてくるのです。

　フラッシュバックに続いて，エドアルドはすぐに自分の怒りの問題は本質的にはこの昔の悲劇に起因するものだと気づきました。彼は衛生兵として救急箱を常に手放さないようにと訓練されたと説明し，救急箱を手元から放してしまったことで，あの若い兵士の死に責任を感じていたのです。エドアルドの心の中では，あの若い兵士は助けを求めていたのに助けられなかったという悲劇が，時の流れとともに冷凍保存されていて，ベトナムから帰還して以降，誰か自分の身近な人が困った時，それを助けられないと，この同じ不安が彼を覆うことが明らかになりました。エドアルドは，心理療法でこの昔の出来事に取り組むことに同意はしましたが，このことについてこれ以上詳しく語ることはあまりにも辛過ぎてできないとも言いました。このことについて実際考えることすら嫌がったのですが，それでもこの辛い記憶を終わらせられるかもしれないのなら，TFTをやっている間だけ，このことを考えることには同意してくれました。私はエドアルド

に、「これは実際に起こったことで、今のあなたにできることは何もないとしたら、あなたは起きた事実についてどのように感じたいですか？」と尋ねると、彼は「心安らかに」感じたいと答えました。

　この過去のトラウマについてエドアルドが考えると、彼は涙が止まらなくなり、TFTのトラウマ／不安のアルゴリズムをはじめた時のSUDは10で、4まで下がったと思ったら、すぐに10に戻ってしまいました。私はエドアルドに、まったく同じことについてまったく同じ感情を持っているかどうかを尋ねました。すると、彼はまったく同じことを考えているけれど、今回は罪と恥の感情がわきあがっていると言いました。彼の罪と恥の感情のSUDレベルが10で、一方悲嘆と不安の感情もSUD 4で残っていると言うのです。これらの感情を分離することはできなかったので、私たちはもう一度、今度はトラウマ／不安／恥／罪悪感のアルゴリズムを実施しました。すぐに彼は昔々のこの出来事を考えてもSUDが1であると報告してくれました。

　エドアルドはこの出来事について心穏やかというばかりではなく、その出来事をフラッシュバックの中で覚えていた以上にずっとはっきりと思い出しました。このことがより記憶を明瞭にし、恐怖や不安や罪悪感や恥に邪魔されることもなかったので、たとえ救急箱を手元に持っていたとしても、この不運な兵士を助けることはできなかったということが彼には分かったのです。兵士は即死状態でした。私たちが介入するまでそうした事実に気がつかなかったのです。

　エドアルドは10回の面接にきちんと訪れ、私と多くのことについて話し合いました。残りのセラピーを通じて、彼は妻の不安について不安や怒りを感じなくなったこと、そして過去のベトナムでの出来事を心穏やかに許容しつつ思い出せるようになったと報告してくれました。

　エドアルドの話はTFTがしばしば洞察療法と組み合わせできることを例証しています。TFTは洞察のより深いレベルまで導き、この深いレベル

での洞察がTFTを使って取り組むことができる問題を浮き上がらせてくれるのです。

　TFTは問題の影に隠れたものをしばしば明らかにしてくれます。私は時々TFTを洞察療法の一種と思うことがあります。伝統的な洞察療法では，一般的なルールとして，こうした隠れた真実に気づくためにゆっくり進めていきます。伝統的な洞察療法では，しばしば「ああ，そうなんだ」という体験で終わることがありますが，一般的には長期療法の体験です。物が「ここ」と「そこ」の間のどこも移動することなく，「ここ」に現れ，「そこ」に行くといった原子内の粒子の動きの世界のように，TFTはしばしばある思いから別の思いへの距離を旅することなく問題のより深いところの本性をときどき明らかにするような介入をするのです。エドアルドの話はTFTをすることで一気にある種の洞察にまで導く明白な事例を提供してくれました。

　この事例検討はまた，ある時は大きなそしてある時はずっと小さな「TSL」の例をも提供しているのです。

●エドアルドのTFTレシピ

不安／怒り

　　目の下，腋の下，鎖骨下，小指，鎖骨下

　9g

　　目の下，腋の下，鎖骨下，小指，鎖骨下

トラウマ／不安／恥／罪悪感

　　眉頭，目の下，腋の下，鎖骨下，顎，鎖骨下，人差し指，鎖骨下

　9g

　　眉頭，目の下，腋の下，鎖骨下，顎，鎖骨下，人差し指，鎖骨下

怒りに隠れた層をTFTを使って見つける

　フランクは裁判所の紹介ではありませんでした。彼はAA（アルコール中毒者更正会）の活発な会員でプログラムを一生懸命やっていたのですが，何年もかけて12ステップのプログラムやさまざまなスポンサーと協力してきたにもかかわらず，いつも怒りがあると言いました。AAのミーティングでも，彼は単に誰かが自分を見ることに怒りを感じると言いました。彼らが自分を見下している，あるいは自分を悪く評価していると感じるのです。

　もし誰かが部屋に入ってくると，彼らが自分を見下し，評価し，欠陥人間と思っていると感じました。この感情を誰にでも持つのですが，特に女性に対して顕著でした。もし女性が部屋に入ってきたら，フランクはその女性が彼のことを「価値のない欠陥人間」というマイナスの見解でみていると感じるのです。

　フランクは自分の人生には女性が必要だととても感じていますが，同時に彼は（彼が理解しているところでは）女性は自分を無能で不十分だと見るので毛嫌いしてもいるのでした。

　フランクは怒りや憤慨を伴った蔑視とされるこれらの見解に反応していたのです。フランクを怒らせるのは簡単でした。もしフランクがスーパーのレジ待ちで，誰かが自分をそんなふうに見ていると思ったら，自分を抑えながら，手を出したい衝動を抑えながらも，どなりつけたくなり，店を飛び出したくなるのです。

　最初の面接から私たちはTFTを使い始めました。フランクはその時車で暮らしていて資金が限られていたので，時間を無駄にしないように，怒りを扱って彼を助ける最善の努力をしました。私はフランクにAAのミーティングで自分や女性が入ってきて彼を見ることなどを想像してもらうこ

とから始めました。このよくある状況にいる自分を想像してもらうと，フランクの不安と怒りはあっという間に10まで上がりました。人生でかなり多くのトラウマを経験してきたのではないかと考えられたので，フランクの治療にトラウマのポイントを加えました。そしてトラウマ／不安／怒りのアルゴリズムを使うことでフランクの不安はその面接でゼロまで落ちました。フランクは少し元気になったのですが，実際にテストしてみる必要があるということで意見が一致し，次のAAの会合で女性が入って来て彼を見た時にどう感じるか気をつけてみてもらうことにしました。

　フランクは，次のセッションで，1回目の面接の結果はあまり喜ばしいものではなく，この1週間で本当に怒ったことが何度かあると報告してくれました。彼が怒りを感じた状況を話し終えた後に，私は彼に先週いっしょに取り組んだ状況で何か変化に気づかなかったか聞いてみました。具体的には，この一週間で彼をたまたま見た人，特に女性が，彼を評価しているとか，じろじろ見ていると感じたことはなかったでしょうか？　と。フランクはしばらく考えて，ゆっくりと微笑みました。実際は，彼は先週参加したミーティングで同じような感情は起きなかったのです。彼の人生で長い間問題であったことが，このようなシンプルなことで良くなることが信じられないながらも，彼の過去で怒りの原因となったことに注意を向けて，何が良くなっていて，また何が良くなっていないのかに気づいていくことに彼は同意し，2週間後にその様子を報告してくれることになりました。

　次にフランクと会ったときには，彼が自分や誰かが公平に扱われていないと感じると起きてくるという特定の怒りに取り組みました。先週，彼がコンビニで買い物をしているときに，店員に対して失礼な人がいました。その人は大声で，上から目線で店員に接しており，フランクはそれが目の前で起こっていたため，個人攻撃をされていると感じました。彼は，不愉快な客に手を出したい衝動が出てきましたが，我慢しました。しかし，そ

の話をするだけで，何日もイライラしたままということが代わりに出てきました。

　私たちは，彼が他人の行動も自分のことにする傾向について話し合いました。失礼な客に問題があったということではなく，その人の行動でフランク自身が犠牲になっているかのように感じるという話です。

　私が彼の過去について尋ねると，亡くなった父親が声が大きくて批判的な人だったことがわかりました。フランクは父親から認められることがなかったのです。フランクはベトナムにも出征しましたが，怒りや他人の行動がいつも彼個人に向けられていると感じる傾向は，ベトナムのせいではなく，彼の大変な子ども時代の結果であることは明らかでした。

　フランクと私は他人の大きな声や無礼さに対する怒りや不安をどうにかするために残りの面接を使いました。他の人がこういうことに平気であることが彼には信じられないようでした。

　私は彼に正義の憤慨と怒りの違いについて説明しました。無礼や不親切であることは良いことではないという感覚を保つことは大切だが，それに対して個人的行動をとることはよくないと幸い分かってくれました。他人の行動をコントロールすることはできないし，他人の行動は彼らがどうあるかということを語るもので，フランクや別の人たちが何者かを示すものではないことを学ぶ必要があったのです。実際，無礼な行動というのは無礼な行動をしている人そのものについてであって，それを向けられている人に対してではないという考えはフランクにとって新しい概念でした。

　そこで，大声で無礼な人たちのことを考えてもらい，トラウマ／不安／怒りのアルゴリズムを使ったところ，彼のSUDはすぐに1まで下がりました。

　フランクは自分の進歩にいくらか勇気づけられ，3度目の面接にやってきました。彼は今まで他人，特に女性が彼を評価し欠陥人間と決めつけるという考えに至る不安と怒りがなくなったことに気づいたのです。この不

安と怒りがなくなったことで，彼はずっと楽にミーティングで他人と交流することができるようになりました。彼はまた，たとえ思い上がった人がいても，そうした行動を自分のこととして捉えなくなりました。

フランクはまだ彼が惹かれる女性のそばでは居心地が悪いと報告してくれました。ただしそれはもはや彼女が自分を批判している感じではなく，むしろ役立たずとか恥といった感覚でした。

私たちは女性のそばにいるフランクの居心地の悪さにTFTを使いました。そしてトラウマ／不安／恥のアルゴリズムを使った後，彼は自分が惹かれる女性が目の前にいると想像した時の不安がなくなったと報告したのです。

私たちはまた，男性が女性の見かけに最初惹かれることが多いように，女性は大抵安定した収入，経済的に自立していること，そして一般的に「勝ち組」の男性に惹かれやすいということについて話し合いました。フランクは自分を大切にしてくれる，魅力的で金持ちの女性を見つけるという夢を語ってくれました。私は彼が現実的になれるよう援助しました。彼の夢は単にまったく実現の可能性がないというばかりではなく，不健康なものだったからです。健康な人間関係というものは，相手に寄りかかっていたいという欲求と，もう一方で自分の二本の足でしっかり立っていたいという欲求の両方のバランスが取れているものです。私は，彼自身が健康になればなるほど，彼が魅力を感じる人もより健康になっていくと伝えました。

フランクの面接は一定期間にわたって，多くの事柄について取り組みました。何年も彼とともに車で過ごしていた愛犬で「最愛の友」を失った大きな悲しみ，彼の父親とのこじれた関係についての悲しみと父親の死に関する悲しみにも取り組みました。ですが，フランクの事例では，これらの悲嘆の事象は単純なTFTアルゴリズムではうまく反応せず，より上級の診断レベルのTFTを使いました。

散発的な何カ月にもわたる面接の後，ようやくフランクの自尊心の問題に着手し始めました。彼は，子どもの頃の援助や養育を十分に受けられず，欠如したまま大人になったことにようやく気づきました。子どもの頃の養育や援助の欠如のみならず，父親から常に馬鹿だとか，無能だとか，ダメだとか言われてきたフランクは今，悲しみと怒りの両方の感情を体験しているのでした。彼の怒りは両親のどちらかに特に向けられたものではなく，世の中に対する怒り，またあるいは，人生のあまりにも早い時期にそのような試練を子どもに与えた神に対する怒りで，彼の悲しみは，自分の人生があまりにもつらいということでした。

　フランクは「それはまるで崩れやすい灰の塊を与えて『家を建てろ』と言い，できないと非難するようなものだった。それはまるで服を着ようとして，片腕を通すと誰かが片足のズボンを脱がし，靴下を片方履くと誰かが片腕を袖から引き抜くような感じだった」と言いあらわしていました。そして彼は「僕がこうなったのも当たり前」と結論づけたのでした。

　フランクは今の怒りに対する困難を克服するためには，不幸な子ども時代にまつわる怒りや悲しみをもう過去のものとする必要があることに気づきました。彼はまた，そうすることが，ハンディキャップを背負っている状態から抜け出して，普通の生活へと導くだろうと初めて思ったのです。フランクはようやく自信を深め，未来への希望を感じられるようになりました。

　単純なアルゴリズムはフランクが今体験している怒りの層に対処するには不十分でしたが，私たちのはじめのセラピーでたまねぎの皮をむき，彼が報告した怒りのSUDのレベルは，TFTの診断レベルを使って下げることができました。彼はこのより正確なテスト法でわかった（タッピング）ポイントと正確な手順を使うことでSUDが1になったと報告しました。

　フランクはこのあと数回面接に訪れ，ある面接では，力になってくれなかった友達に対する怒りに対処しました。（実際，彼は古い友達のほとんどから離れていて，彼らの本心がよくわかってきました。）その面接の終

わりには，TFTの診断レベルを使った治療を続ける中で，彼の友達に対する怒りはなくなりましたが，悲しみと失望の感情は残りました。次の面接で再びTFTの診断レベルを使って，その悲しみと失望を扱いました。

　ある時，彼は，自分が何かいいものを持っていたり，あるいはいいなと感じると，誰かがそれを取り上げるかもしれないという恐れに焦点を当てるところまでたどり着きました。それから2週間の間，診断レベルのTFTを使いながら，その問題について話し合いつつ，この深い恐怖感に取り組みました。この不安の施療を行った2回の面接を終えた後，フランクはある土曜日に会えないかと電話してきました。彼は前の晩にかなり動揺するような夢を見て，カンザスにいる自分の妹に会いに行く前にその夢について話したいというのでした。私は，彼の夢について話し合うために喜んで会いましたが，それはまったく悪夢と呼ぶに相応しいものであることがわかりました。

　フランクの夢は，人妻である女性が，ある男に奪われそうになるのを助けようとしているものでした。彼はその女性を助けようとしたのですが，うまくいかず，助けを求めたのですが，夢の終わりには，女性を連れて行こうとする男を手助けする羽目になっていました。夢の終わりにはその女性が道に裸で横たわり，男たちが群がって彼女の身体を舐めまわしているのでした。フランクはその悪夢にまだ「打ちのめされている」と表現しました。

　私は夢を題材として扱う時には，クライエントに彼らのイメージを形態化するように言います。この方法は，夢の中のあらゆる人，モノは，夢を見ている人の内的世界の一面が表象されたものであるというユング派の考えによるものです。クライエントに夢の中のこれらの人々の1人（時にはあるモノ）であるように動いてみるようにと依頼します。セラピストは質問者の役をとり，その人物は夢の中の人物（あるいはモノ）を「彼」とか「彼女」とか「それ」といった3人称ではなく，1人称で説明するのです。

　私は最初にフランクにその夢の主人公になるように言いました。他人の

妻を奪おうとしている男になるようにと彼に依頼したのです。私がフランクのこの「役柄」に質問をすると，彼は次のように説明しました。

  スザンヌ❖「自己紹介をして」
  フランク❖「俺は暴漢さ。俺は何でも手に入れたいものを手に入れる。俺は自分のものでないものも取る。俺は強い」
  スザンヌ❖「あなたは自分が好きですか？」
  フランク❖「好きじゃない」
  スザンヌ❖「どうして？」
  フランク❖「だって，俺は，人が持っているものを持っていないから。俺は皆が持っているものが欲しいんだ」
  スザンヌ❖「そんなに強いんだったらどうして自分のものや自分の妻を手に入れないの？」
  フランク❖「奴らは俺を欲しがらないんだ。盗まないで得る方法がわからない」
  スザンヌ❖「誰から盗むの？」
  フランク❖「罪のない，弱いと思う奴ら，優しい温かい奴ら，傷つきやすい奴らから。奴らは歯向かわないし奴らが持っているものが欲しいから」
  フランク❖（さらに，自分に戻って）「私は盗まれる方，そっちになりたいんだ。私は優しくなりたい，でも傷つきたくない」

それから私はフランクに人質になった女性，その妻になるように依頼しました。

  フランク❖「怖い。私はセックスは好きだけど，こんなされ方は怖い。愛情や優しさがもっとなくちゃ。狂ってる人じゃなくて，優

しい,愛のある人の女になりたい」

スザンヌ❖「優しい人の女になりたいって誰がそういう人なの？」

フランク❖（役を離れて再び自分に戻りながら）「優しいフランクに愛されたい,ステキで紳士のフランク,目覚めはじめているフランクだよね？」

次に私は,何も手伝わず,ただその女性の拉致に関与して加わり,助けなかった男たちの集団になるように言いました。

スザンヌ❖「このグループの広報係として,あなたのグループについて教えて」

フランク❖「われわれは彼女を舐めたりおっぱいをしゃぶったりするけど性的なものではない。彼女は裸で,われわれは彼女から栄養をもらい,彼女を取り囲んでいる。われわれはこの男に追従した。悪魔の声に耳を傾けるように」

スザンヌ❖「あなたはなぜ,集団でこの男に追従したのですか？」

フランク❖「彼は指導者だ。彼は力がある,悪魔みたいなものだ」

最後に私はフランクに救助者になるように依頼しました。

スザンヌ❖「自己紹介して。あなたにとってこのことはどうかしら？」

フランク❖「私は見ていただけ。力がなく,圧倒され,剥ぎ取られ,盗まれ,虐待され,暴行されてまったく無視されていると感じていた。盗まれたんだ。助けを呼ぶのに助けを得られない。誰も私の助けてという懇願に反応してくれなかった。ただ自分に起こっていることを見ているしかできなかった。何もできることはないと思ったのでしなかった。分かりますか？」

それから私は，このことすべてがフランクにとってどういう意味となったか聞いた。

　フランク ❖「私には強い面があると感じた。でも間違った強い面も持っていて，思いやりのある優しい部分ではない。私にはその優しい部分が働くようにする方法がわからない。そこが働けばこの世界で生きていける」

　明らかに，傷ついてしまうかもしれないということがフランクにとってとても恐怖なのでした。子どもの頃の彼は，傷つきやすく誰にも助けてもらえず，ただ傷つけられ批判されてきたのです。そこで私たちは人が成長し自分の二本足で立っていれば，自己開示することは必ずしも傷つくことではないと話し合いました。自分をさらけ出すことは自己をしっかり持っている人にとっては難しいことではないのです。そして，本当の大人の関係を持つためには人は自己開示をしなければならないのです。フランクが自分の人生にいつも愛を迎え入れられれば，傷つくことへの怖れが消えていくのです。
　それからフランクは前回会ってから，二度ほど魅力的だと思う女性に会う機会があったと話してくれました。しかも，彼はこのどちらの女性とももっと時間をともに過ごそうとするとか，ちょっと会話をするとか，また会おうと誘うなどの試みをしませんでした。「私はただ，誰かと一緒に居たい」フランクは言いました。「でも私にはそういうふうにはできないようだ」，さらに「私は精神の世界にいることに疲れた。この人生を生きたいんだ」
　フランクはずっと精神的な世界にいたのです，そして同時に「普通」の人生を生きたいと言ったのです。彼はとにかく，互いに相反する2つの

ゴールに気づきました。私は，心の中で道の分岐点に来ているようなものだと彼に説明しました。立ち止まっているこの場所から動けなくなっていて，ここから2つの異なった道があるのですが，それぞれが別々の方向に，しかも，別々のまったく異なった最終目的地に繋がっています。一方は彼をより崇高な精神と悟りの道へと導きます。もう一方は彼の人生に女性が関わる可能性のある，もっと世俗的な人生へと続く道なのです。フランクは彼流の物事の見方をうまく表しているこの説明に納得してくれました。

　私は精神的なものと生活というのは相反するものではないと説明しました。マハトマ・ガンジーは結婚していたし，キリストはほどよい馬鹿騒ぎを楽しんだようだと話しました。実際私はフランクに「真の精神的成長は山頂にじっと座っている時より人間関係の中で起こると思っています。関係性の中で，あなたは妥協すること，与えること，人のために捧げること，そして境界を引くことを学び，自分自身を愛することも学ぶのです」と言いました。精神世界と現実の世界が相反するものだと思っているフランクにとって，これは衝撃的な考えだったようです。

　私はフランクに，誰かもっとりっぱな人が現れると，自分が拒否されて孤独になるから，人間関係を避けている部分があるのではないかと伝えました。人間関係を最初から拒否した方が，やってみて傷つくよりましだからです。フランクに，人を愛するのならその機会を持つべきだと気づいてもらいました。私たちは傷つくかもしれないという恐怖にしばらく取り組み，それから6週間空いて，最後の面接に彼がやって来ました。

　フランクは今や，自分の世界にも，過去にも安心感を持っていました。彼はもはや怒りっぽい人には見えないし，彼から怒りも感じられませんでした。彼は自分に意地悪をした昔の仲間を捨て，健全な友達を作り始めました。まだ伴侶までは見つけていませんでしたが，自分自身を好きになったし，他人に批判される感じもしなくなっていました。

　フランクの事例は同じクライエントであってもアルゴリズムが効く問題も

効かない問題もあるという例です。フランクの問題はより複雑で特定し難いために，アルゴリズムがもはや効を奏さなかったと考えられます。しかし覚えておいていただきたいことは，大変複雑な問題も，TFT のアルゴリズムを非常に注意深く，計画的に使うことでしばしば解決できることがあるし，単純な問題でも，原因診断として知られているより正確な TFT が必要とされることもあるということです。問題の複雑さやその問題を抱えていた期間の長さ，問題の深刻さが，必ずしもアルゴリズムが役に立つか，あるいは診断レベルが必要となるかを決めるものではないということなのです。

●フランクの TFT レシピ

トラウマ／不安／怒り

眉頭，目の下，腋の下，鎖骨下，小指，鎖骨下

9g

眉頭，目の下，腋の下，鎖骨下，小指，鎖骨下

トラウマ／不安／恥

眉頭，目の下，腋の下，鎖骨下，顎，鎖骨下

9g

眉頭，目の下，腋の下，鎖骨下，顎，鎖骨下

悲嘆／不安

眉頭，目の下，腋の下，鎖骨下

9g

眉頭，目の下，腋の下，鎖骨下

註

[1] Arthur F. Coca（1994）St. Martin's Paperbacks *The Pulse Test*

第5章
ネガティブな自己想定を変える

Chapter 5 ▶ Changing Negative Self Assumptions

われわれが観察できることが理論になる。

アルバート・アインシュタイン
Albert Einstein

　患者が「低い自尊心」「否定的な自己概念」「貧困な自己イメージ」「否定的な自己想定」としばしば呼ばれるものに苦しんでいるとき，私たちは普通，そういった信念を「核となる問題 core-issues」の領域としたり，長期にわたるセラピーや変化に対する抵抗という視点からも考えてみます。しかし，急速な変化を起きやすくする，私が見つけたもっとも魅力的な方法のひとつは，自己イメージに関係する否定的な信念体系に TFT を使うことです。

　もし私たちが TFT のようなブリーフセラピーの技術が，低い自尊心のような「核となる問題」をクライエントが変化させる援助になり得るということを受け入れるのであれば——実際に私たちはそうしているのですが——私たちの理論を変える必要があるでしょう。深くしみこんでいて治療するのがこれまで難しいとされてきた自己認知の問題を見るためには，別の方法を見つける必要があります。

　エリクソニアンのリフレーミングテクニックと組み合わせた TFT は，ちょうどよい助けになり得ます。リフレーミングはセラピストとクライエ

ントの両方が，問題を異なった，よりポジティブな観点で見るのに役立つ治療的テクニックです。ブリーフセラピーのパイオニア，ミルトン・エリクソン Milton Erickson はリフレーミングの達人で，このすばらしく熟達したテクニックを世界中から彼を訪れるクライエントに使っていました。それは非病理学的なアプローチであり，私はこのテクニックはクライエントにとってのみならずセラピストにとっても重要であると思います。もし私たちがある問題を今までと同じ方法で見続けたとしたら，結果はだいたい今までと同じものになるでしょう。自尊心の問題となると，問題の原点への深い洞察を得ようとして，家族歴や問題の外的「原因」に焦点を当てるような，長期にわたる心理療法となると考えられがちです。

　クライエント自身がよく，自分自身についての感情を含めて，自分の現在の問題は「深く根づいていて」，治療するのが難しいという見解を持っています。彼らは一般に，よくなるためには苦しまなければならないと信じていて，それはつらい難しい仕事であり，「手っ取り早い処置などありえない」と信じています。また，クライエントはしばしば，最初の面接に来るときには，セラピーとは過去に戻ってつらい子ども時代の問題に長期にわたって直面しなければならないものだと考えています。彼らは，低い自尊心が自分の問題だと考えることも含めて，過去のそして現在の問題の「根となる原因」を見つけるためにがんばるのを支えてほしいと思うのです。彼らはしばしば，自分は「低い自尊心」に苦しまざるをえないと思ったり，「それらの出来事が自分に起きつづけてほしくない」，あるいは，「自分が同じ状況にいることを知りたくない」ものです。

　あるクライエントは次のように報告しました。「十分なことが何もできず，私は一度も母親を喜ばせられなかった。今，私は物事を完ぺきにするために際限なく働いている。しかしそれらは決して完ぺきではない」また，ほかのクライエントは次のように思い出しました。「父は私に，私はあまりに醜くて頭がよすぎるので，私と結婚してくれる男性が見つかればもう

けものだと言いました。今，私は妥協します。誰も私を欲しいとは思わないので，できることで妥協したほうがいいと思うのです」。ある女性は，「夫が私に馬鹿だと何度も言ってきたので，私も今はそう思っている。私は仕事を見つけることさえ自信が持てない」

　過去が現在と未来に影響するということを否定するのは奇妙ですが，ミルトン・エリクソンは，毎日の生活は日常的に人々を催眠にかけ，その「催眠を解く」ことがしばしば私たちの治療的な課題であると考えていました。エリクソニアンのセラピストであるスティーブン・ギリガン Stephan G. Gilligan によると，セラピストの仕事は「自己を価値下げする自己内催眠を，自己を価値づける自己内催眠へと拡張するもの」[1] だと言います。ギリガンは続けて，「人は，問題になるという状態が自己発生的であることに大抵気づいていない」[2] ことにも注意を促します。

　私たちは，過去をざっと振り返ることは必要ですが，クライエントはちゃんと自分自身の過去に対する内的姿勢をコントロールしていて，ただこれらの姿勢を変えればよいということを迅速に指摘する必要があると考えています。これで，クライエントの内的統制の所在（Locus of Control）を回復する（もしくは初めて形成する）プロセスが始まっていくのです。この内的なものがエリクソニアンのリフレーミングになるのです。クライエントは問題を見るためのまったく新しい方法を持つことになるのです。問題を「そこにあるもの」（たとえば「彼らが私にそうしたのです」）と見なすのではなくと，「ここにある」現在のものとして問題に集中する（たとえば「私はこのように反応して，これが私に変えられることです」）ということです。問題が「ここにある」時のみ，クライエントはそれについて何かができるという力を感じられるのです。

　お互い，多くの重要な方法は異なっていますが，TFT とエリクソニアンの催眠療法テクニックは，どちらもいくつかの面で，より伝統的なセラピーとは異なっています。どちらも洞察志向ではないし，迅速な修正が期待で

きるだけでなく，可能でもあるのです。どちらの技法も，セラピーは比較的苦痛が少なく，これらのテクニックは通常，（他者ではなく）クライエントと（過去ではなく）現在の両方に焦点を急速にシフトさせて始まります。

「低い自尊心」の事例において，第二世代のエリクソニアンのリフレーミングは，クライエントが自尊心の問題を特定の不安（TFTを使うことによって対処もできる）として見ることを援助する時に行います。問題は核となる問題を単なる不安にリフレーミングすることを通して変容します。これはとても大きな認知的飛躍であり，私の経験では，クライエントがすぐできて，体験できるものです（セラピストには少し難しいかもしれません）。クライエント自身はみな，自己認知の問題に伴う不安感情にあまりにもなじみ深くなっているのです。

通常，特定の不安に名前をつけるために対話心理療法は数分かそれ以上かかりますが，正しい名前がつけられると，私の経験上，すべてのセラピー的介入はほとんど瞬時のものとなります。

以下は，TFTとエリクソニアンのリフレーミングの組み合わせを使うことで，否定的な自己想定が即座にそして効果的に治療された事例をあらわしています。

「失敗だ」および「十分でない」という感情

ジェフは背が高くすらっとしており，グレーの髪を結わえて長いポニーテールにしていました。彼はライターで，過去にいくつかの成功を収めていましたが，彼の妻は医者で，彼よりも経済的に成功しており，彼は「完全な失敗者」のように感じていると報告しました。ジェフは，自分が選択した職業で奮闘努力しているにもかかわらず，順調に感じるには「一旗揚げる」ことが必要だと感じていました。彼は前の結婚でできた子どもたちをちゃんと養育しサポートすることができていることも含め，多くの意味

で成功していました。私との面接時には、ジェフの成長した子どもたちは皆うまくいっていて、彼は4人の子どもたち全員とのとても良い関係を楽しんでいました。しかし彼は、子どもたちに残す遺産のことを心配したので、私は彼が子どもたちに値段のつけようがない遺産を残してくれたことを指摘しました。ジェフは子どもたちの成長期を養育し、物質的な豊かさは十分ではなかったとしても、彼らには適切であったでしょう。そして何よりも、彼らは大人として父親とのよい関係を楽しんでいました。私はジェフの「成功」をリフレーミングするため、なぜそれが十分でないのかと声に出して問いかけました。

ジェフは、今の妻が彼は生産的でないと不平を言うと答えました。彼は、自分が「価値がない」と感じ、まるで「悪い人間」のように、自分自身の成功をずっと破壊してきたように感じていました。ジェフは、自分の母親がしばしば彼をけなし、彼の過失ではないことに対して彼を非難していたと報告しました。彼の父親は何もしないことで母親と共謀していました。この「悪い人間だ」および「価値のない人間だ」という感覚は、明らかに彼の児童期に形成されたものでした。

ジェフと私は、彼が自分のことを悪い人間で価値のない人間だと感じていたら、経済的に成功できなかったということ、また同時にそれがずっと一貫した自己イメージではなかったということで意見が一致しました。ジェフは心理的に洗練された大人であり、この問題に付随するずば抜けた洞察を持っていましたが、この「核となる問題」は彼の初期の子ども時代、つまり思考がとてもはっきりしていて、必ずしも抽象的でない時期に形成されていたのです。子どもの視点では、よいことは自分がいい子にしていれば起こり、悪いことは自分が悪い子であると起こるのです。

感情レベルにおいて、そのような未発達の思考パターンからぬけ出せていない人たちもいます。ジェフは、その早期の哲学を認知的に成長させられるほど、心理学的に、また哲学的に十分洞察が鋭いのですが、しかし、

彼は感情的に自分の人生を支配し続けているのです。

　私は，2つの分離した自己に対する疑問としてこの問題に焦点を当てるよりは，悪い人になってしまうという不安から，価値のない人間となっているという枠組みを選びました。これは彼にとってよくある感情であり，難なくその不安に取り組むことができました。その不安には恥の感情が伴っており，自分はいかに悪くて価値のない人間かと感じると，全体の SUD レベルは 10 でした。しかし恥のアルゴリズムを組み合わせた不安のアルゴリズムを使って，すぐに SUD レベルが 1 になったと報告してくれました。しかし，不安や恥の感情のまわりにある，自分は悪くて価値のない人間であるという感情は，深い悲しみの感情に変わり，面接の時間がなくなったため，私たちは次の面接で悲しみの感情に取り組むことに合意しました。

　次の面接で，ジェフは，以前の否定的な信念体系から身動きがとれないために時間を無駄にしたことの悲嘆，また，子ども時代にこれらの否定的なメッセージが与えられていたことへの悲嘆と喪失感もあったとつけ加えました。彼は，かつての子どもとしての自分に大きな悲しみを感じており，また，両親が自分の発達の過程でもっと協力的でいてくれていたら，状況は変わっていただろうにと感じたのでした。

　ジェフと私は，彼の両親が育てられてきた様子を考えると，どちらも自分たちができる限りのことをしたのだということで合意しましたが，彼は，もっと励ましや養育が欲しかったという悲しみが残っていました。TFT の悲嘆のアルゴリズムを使うと，ジェフの悲しみの SUD レベルは 9 から 1 に落ち着き，彼はもう，自分の児童期について平穏と受容を感じることができると報告してくれました。

　もうひとつの否定的な自己想定の層「私は価値がない」は，ジェフの 3 回目の面接であらわれてきました。これは十分でないという信念の周りにあり，この不安は「自分は悪い人間だ」という以前の信念の周りにあった不安とはいくらか異なると説明してくれました。それは，決して十分には

ならず，完全である必要があるというより強い感覚でした。話しているうちに，これは有名になって，経済的な見返りを受ける必要性を伴うもののように思われました。ジェフはライターとして，高いレベルの成功をする才能を潜在的に持っており，初期の頃は，ニューヨークでいくらか知られていたのでした。私は，彼の成功を「創造性のプロセスに従事しそれを楽しむことであり，リスクを恐れないことである」とリフレーミングしました。ジェフも生き方を考える助けとなると同意してくれました。特に彼が選んだこの仕事は，それを職業にできる人たちは選ばれたわずかな人たちのみなのです。

　成功についての新しい知的な定義に同意したにもかかわらず，ジェフは相変わらず，自分が十分でなく，完ぺきでなければならないということに深い感情的苦痛を抱き続けていました。彼はこの苦痛を1から10までのSUD尺度で10と評価し，私たちはトラウマ（悲しみがあるのでそれを含めた）／不安のアルゴリズムの組み合わせを実施したところ，彼はすぐに不安と悲しみがなくなった（SUDレベル1）と報告してくれました。そして今や，ジェフは自分の現在の生活状況について考えても，不安も悲嘆の感情でイライラすることもまったくないと報告してくれました。彼は，世界的な成功をまだ望んではいましたが，同じ意味の成功としては定義していませんでした。さらに重要なことは，自分が「価値がない」もしくは「悪い人間」であるというような感じはもうなくなっていたということです。

　ジェフは，自分の治療目標を達成したと感じたので，次が最終面接となりました。彼には，世界的な成功は保障されていませんが，もう彼は自分が悪いから価値がないという否定的な自己想定で，自分の成功を故意に破壊するようなことはなくなったと感じていました。同様に重要なことは，彼が自分の成功の意味をもう経済的な報酬に限定していないことでした。彼は，自分や妻が完ぺきでないという事実にもかかわらず，それが適切だと感じられると伝えてくれました。

ジェフの話は，自尊心の問題が特定の不安にどのようにリフレーミングされるか，また，エリクソニアンの用語で言うと，TFT が自己評価を下げていく催眠状態を自己を評価する催眠状態に変化させるためにどのように使われるかを示し，また，自尊心のような問題には複数の層があり，それらのすべてが同じ全般的なテーマの微妙な変化形であるいう事実を明らかにしています。

●ジェフの TFT レシピ

恥を伴う不安

目の下，腋の下，鎖骨下，顎，鎖骨下

9g

目の下，腋の下，鎖骨下，顎，鎖骨下

悲しみ

眉頭，鎖骨下

9g

眉頭，鎖骨下

悲しみが伴う不安

眉頭，目の下，腋の下，鎖骨下

9g

眉頭，目の下，腋の下，鎖骨下

愛されないと感じる

ローラは，目立つ赤毛で，頭がよく魅力的で，体も元気ですが，惨めでした。彼女は初めて来たとき，「私は誰？」と質問してきたのです。ローラは 3 人の学齢期の子どもがおり，夫は「どんな女性もが欲しがるすべて」

を持ち合わせていると表現しました。彼女は夫のチャックを「思慮深く，誠実で，生活力が十分で，すばらしい両親がいる」と表現し，私は彼女がこれ以上何を望んでいるのかと不思議に思いました。しかしローラにとっては，その結婚生活は幸せではなかったのです。彼女とチャックの関係からはロマンスが消えていき，仕事と子どものことで忙しくしていました。最近はローラが促しても，チャックはまったくロマンティックになりませんでした。

　ローラは，自分が注目と愛情をとても欲しがっていることに気づきました。彼女は幼児期に養子となって混沌とした家庭で育ち，養父母は彼女が9歳のときに離婚しました。ローラは懸命に努力しましたが，彼女は養父の高い期待を満たすことが決してできませんでした。彼女は混乱した家族の中で何とかやっていくために，そして要求がましい養父を喜ばせようと勤勉になり，とても「しっかりとした」子になっていました。彼女の現在の生活においてもこのパターンが続いていて，チャックがその気になってもロマンスのための時間が少なくなるという結果になっていました。ローラが一方的に不平を言っていたようでしたが，彼女と夫のチャックが共謀してロマンスを最小限に保つ努力をしているように見えました。

　ローラの困難についての話を聞いたあと，彼女のしっかりしたい（そしてコントロールしたい）という強い欲求は，ミスをすることと完ぺきでないことについての恐れとしてリフレーミングされました。彼女の完ぺきでないという恐れは，自分が愛されないという子ども時代の信念に直接関連していることに私たち2人は合意しました。ローラは子どもの頃，自分が十分いい子でなかったから，父親が家族を捨てていったのだと信じていたのです。「私は，正しいことをしていれば，完ぺきでいれば，愛されるだろう」というのがローラの現在の信念の集大成に思われました。

　2回目の面接で，私はレトリックとして，ローラに次のようなアドバイスをしました。彼女が完ぺきでないことを私は分かっていて，それは彼女

も他の誰でもわかっています。さらに，彼女が完ぺきであることを期待しているのは，彼女本人だけで他には誰もおらず，なぜなら彼女は人間であり，人間は完ぺきでないからです。人間であることに伴う不安と罪悪感を緩和する方法として，彼女は TFT を試すことに同意しました。そこで，私は，彼女の問題を完ぺきでないことにまつわる不安と捉え，1 から 10 までの SUD 尺度で，「人間であること」にまつわる気持ちや自分が間違いをすることは不可避であるという気持ちが平穏と受容の感覚ならば 1 とすることを確認しました。そして，不安のアルゴリズムに罪悪感を組み合わせて TFT を適用し，彼女の「完ぺきでなければならない」という自らに課した必要性に取り組みました。

　TFT の治療後，ローラは以前の不安感や完ぺきでないことに伴う罪悪感を探してみましたが，「見つけられず」，その代わりに，自分の「人間であること」に伴う快適さと受容しか感じられないと報告しました。彼女は比較的混乱した場面を思いだすことができましたが，自分の世界に完ぺきなコントロールを維持しなかったことで起きる，以前の不安，動揺や罪悪感を体験することはありませんでした。

　次の面接で，ローラのより深くて苦痛な「愛されない」という気持ちに焦点が当てられました。チャックがローラに愛していると伝えても，納得してもらおうと試みても決して十分ではないのです。彼女の「愛されない」という信念がしっかりと固定しているため，チャックの愛情がこもった言葉や行動はまったく説得力がないようなのです。これは自己成就的予言となり，結局チャックは賛辞と賞賛をやめてしまっているのです。もちろん，ローラは自分が愛されないと（もしそれが可能ならの話ですが），さらに確信を深めました。

　今までの面接での取り組みにもかかわらず，ローラは自分が愛されることについての不安感情を 1 から 10 の尺度で 10 と評価しました。彼女はもはや完ぺきである必要性は感じていませんでしたが，愛されると感じられ

ることには1インチも近づいていませんでした。ローラが愛されることに伴う不安に焦点を当てている間，私たちはTFTの不安のアルゴリズムをタッピングしました。彼女はすぐに笑って，自分が愛されると考えても何の問題もなくなり，このような短時間で，自分自身の感情がこれほど変化することに驚いたと報告しました。

　次の面接でローラは，チャックを混乱させて「怒らせたくない」がために，自分が不幸を感じることについて話すのを避けていると報告しました。この恐怖について話しているうちに，ローラの回避は彼女の夫チャックが過去に起こしたことのどれにも起因しないということがわかってきました。実際，もっとロマンティックになってほしいとお願いしたこと以外は，彼女にはチャックとの間にネガティブなことは何ひとつ心当たりはありませんでした。彼は事実，この問題に取り組むために，ローラとともに短期間セラピーに通っていて，それから数週間，ロマンティックな行動（たとえば，贈り物やカードを渡す）を試みましたが，彼女にとって決して十分ではなかったせいか，その行動は結局自ら消滅してしまったのです。

　成長するにつれ，ローラは間違っていることについて話すのはよくないと努力して学びました。彼女が，どんな些細なネガティブなことでも持ち出すことについて，以前からある恐れを現状に転換する時がやってきました。2人はどちらにとっても良いより強く協力的な関係を築こうとして，不幸感を共有するときにあらわれる親密さをごまかしているのです。私たちは，ローラが何でもネガティブなことを持ち出すと，チャックは怒るだろうという彼女の恐れに直接焦点を当てることに合意し，潜在的にネガティブなことを夫に持ち出す不安にTFTの不安のアルゴリズムを再度行ったところ，この時はSUDレベルが10から1に下がりました。

　チャックとローラは，そのままになっていた相違を単に話すことによって取り組むことができるようになっていました。ローラは，チャックに「ネガティブな問題」を持ち出すことがこれほど容易であることに驚いたと報

告してくれました。彼女はまた，チャックがこれほど受容的で話しやすいということに驚きと安心を示しました。

ローラの事例史は，TFT を使って，自尊心の問題と恐れの問題に取り組むことを通じて，関係性の問題に取り組めることを示しています。それはまた，そのクライエント独自の自己評価を下げていくトランス状態の正確な本質を理解する目的で，家族歴を簡単に取ることの有用性も示しています。

● ローラの TFT レシピ

罪悪感を伴った不安

目の下，腋の下，鎖骨下，人差し指，鎖骨下

9g

目の下，腋の下，鎖骨下，人差し指，鎖骨下

不安

目の下，腋の下，鎖骨下

9g

目の下，腋の下，鎖骨下

カップルセラピーにおける自尊心の問題に取り組む

コニーとジェリーは結婚して 3 年になり，ジェリーは教師として，コニーは理学療法士として，ヤヴァパイ族（訳注：「ヤヴァパイ」は北米南西部のアリゾナ州にある地域およびその先住民族の名前。ここでは apache を「族」と訳した）の政府指定保留地で働いているところで出会いました。コニーには以前の結婚でできた子どもがおり，ジェリーはこの子を自分の養子として迎え，彼らは息子に「よりよい環境を与える」ために，保留地からコミュニティに引っ越しました。

さて，新しい環境に定住したコニーとジェリーは，お互いが急に「他人のように」感じられるようになったと不平をもらしました。彼らは2人とも仕事に忙しく，あまりお互いに顔を合わすことがなくなり，彼女の説明によると，彼らの結婚生活から化学反応が失われ，ジェリーに愛情を感じられなくなったと言いました。
　ジェリーは伝統的な北ヨーロッパの家系が出自で，彼の原家族は身体的な愛情表現をしない一方で，コニーの家族は問題を共有して，情緒的に親密で身体的に気持ちを素直にあらわすのでした。
　コニーは，結婚してからというもの，誘うのはいつも自分の方だと語りました。今では自分は望まれておらず拒絶されているように感じ，ジェリーともっと深くつながろうとすることも諦め，それでいて彼の関心を引くためだけにけんかを起こしていることに気づきました。
　ジェリーは自分から誘うことに同意してくれましたが，自分から寄り添っていくことについて，コニーにどれほど依存しているか，またこの領域で自分がいかに受動的であったかについては自覚していませんでした。
　コニーは他の大半の領域においては受動的になる傾向がありましたが，自分がジェリーから求められ，必要とされることについては，より率直であることに同意しました。コニーはまた，優柔不断の問題を持っており，それが彼女に自分独自の目標を達成してもらいたいと思っている彼を悩ませました。
　コニーが成長するにつれ，自分に必要なものをあまり求めようとはしなかったことがはっきりとわかりました。というのも，彼女の母親が彼女にずっととても嫉妬しており，コニーが成功することを促さなかったのです。コニーは自分の現在の状況が当時とは異なっていることを理解し，自身が必要としていることも，成功することも自分にとって安全であるということに同意しました。
　次の週の2回目の面接に来たとき，この夫婦は状況がずいぶんよくなっ

たと報告してくれました。彼らは難しいことについてすらコミュニケーションできていました。

　しかしながら，コニーは，自分が自己不信でいっぱいだと言いました。それが特に何を意味するのかいくつか提示してみると，「価値がない」と「役に立たない」の両方を理由に挙げました。コニーは，「私はできない」と心の中で信じていると語り，だから，「私はそれをわきに追いやって怠け者になる」と説明しました。

　コニーは以前の関係で身体的に虐待されており，さらに悪いことに，彼女の両親には未だに彼女の能力について懸念することをはっきりと言語化する習慣がありました。

　コニーに「自分は価値がなく，役に立たない（この2つは彼女にとって別々の思考に分けられなかった）」という信念についての思考場にチューニングするように私が求めると，彼女はすすり泣きを始め，自分のSUDのレベルを8と報告しました。不安／恥のアルゴリズムを行ったところ，彼女のSUDのレベルは8から4に落ちましたが，4で止まっていました。私たちは，彼女が感じていたことについてもっと話をしていると，今度は「不十分と無能」の感情に触れていると語りました。

　コニーが，「自己不信」感情の別のレイヤーであろうこれらの感情に焦点を当てると，SUDレベルが9だと報告してくれました。私たちは不安／恥のアルゴリズムを繰り返し始めると，すぐにコニーのSUDレベルは1となりました。以前の「価値がない」および「役に立たない」という感情について考えるよう求めると，このSUDも1と報告しました。コニーは自信を感じられるようになり，この夫婦は私にまた予約が必要となった際に連絡することを決めました。それから約6週間後，彼らの保険会社の事例を終結すべきか確かめるために彼らに電話したところ，すべてがよりうまくいっていると報告してくれました。コニーは自分が求めていることや必要としていることを頼み，もう優柔不断ではありませんでした。そし

て，彼らの関係は再び輝いていたのです。

　この例は，自尊心の問題がカップルセラピーにおいて直接的に取り組めることを示しています。コニーのセラピーはまた，自尊心の問題について取り組んでいるときでも「歯－靴－こぶ（TSL）」現象の可能性に注意を払う必要があることをも示しています。

●コニーの TFT レシピ

不安／恥

目の下，腋の下，鎖骨下，顎，鎖骨下

9g

目の下，腋の下，鎖骨下，顎，鎖骨下

　次のページは，否定的な自己想定の問題を取り扱う TFT の不安アルゴリズムを行う際に，リフレーミングを使うのに適切な提示のリストです。これらは，あなたが自分独自のリフレーミングを見つけ，否定的な自己想定の問題に取り組むために，あなた独自の TFT の使用法に役立つ跳躍板として適用できます。

註

[1] Stephen G. Gilligan 1985, (New York: Brunner/Mazel) Generative Autonomy: Principles for Ericksonian Hypnotherapy. In J. K. Zeig (Ed.) *Ericksonian Hypnotherapy: Vol. I, Structures*, p.197
[2] Ibid., p.206

◆ TFT を使って取り組める否定的自己想定の一般的なもの

恐怖または不安	SUD レベルが 1 の時
完ぺきでない恐怖	私は間違いをしても大丈夫。私は他の人と同じように人間です。
愛されないという恐怖	私は完ぺきではありませんが，私は自分のあるがままで愛される人間です。
役に立たない恐怖	私はいろいろなことに役に立ちます。
価値がない恐怖	私は価値のある人間です。
○○に値しない恐怖	私はいかなる幸運も手に入れるにふさわしい人間です。
不十分な恐怖	私には得意なことがたくさんあります。
十分に適切でない恐怖	私はそれなりに適切な人間です。
適切でない恐怖	私は適切な人間です。

注意：右の欄は，SUD レベルが 1 のときにリフレーミングする方法です。これらはアファメーションではありません。アファメーションが役に立つことを示すエビデンスについては明らかではありません。

第6章
性の問題に対するTFTの適用

Chapter 6 ▶ The Use of Thought Field Therapy in the Treatment of Sexual Problems

私たちのすべてが愛する力を育めますように

デイビッド・シュナーク『情熱的な結婚生活』
David Schnarch, Ph.D. *Passionate Marriage*

　この章には性の問題に対してTFTを使用する例が含まれています。いくつかの事例では，TFTはより伝統的なセックスセラピーと組み合わされており，1つの事例ではNLP（神経言語プログラミング）テクニックがTFTの使用を容易にするために使われています。ここで紹介される3つの事例では個人が援助の対象であり，また2つの事例では夫婦の関係性が援助の対象でした。さまざまな性の問題を含む例，また，TFTをこれらの問題に適応させるさまざまな方法の例を私が選びご紹介します。
　この章の最後には，みなさんが性の問題を治療する際にTFTを使うことを検討できるよう，その使い方のリストを用意しました。

背景

　私の子どもが小さいとき，モーリス・センダック Maurice Sendak の本をよく読んであげたものでした。『かいじゅうたちのいるところ *Where the Wild Things Are*』というタイトルで，マックスという名の少年の話です。マックスはいたずらをして夕食抜きで寝かしつけられました。するとマックスの寝室だったところがジャングルになり，マックスはかいじゅうたち

の仲間になり，夜通しで勇敢に騒ぎ回りました。まもなくマックスは怪獣たちを従え，そしてかいじゅうたちは見返りにマックスを「百獣の王」だと宣言しました。

　長い間，私は性的虐待を受けた子どもや大人の援助を専門的に行っていました。その間，マックスのように子どもの頃に長い夜をかいじゅうに訪問されたことのある素晴らしい男性，女性，そして子どもたちと出会いました。マックスと違うところは，彼らのかいじゅうは本物であり，かいじゅうたちは夜だけではなく，ときどき昼にもやって来るのでした。大抵，それらのかいじゅうは親戚や家族の「友達」でした。またそれらのかいじゅうは，たびたび母親や父親であり，子どもたちの世話を任されている人たちであり，また子どもたちが一番安全だと思えるべき人たちでした。

　マックスとは違い，それらの子どもたちはかいじゅうを従えることはできませんでした。ことがいったん始まると，子どもたちは小さすぎて，かいじゅうたちは大きすぎたからです。そして子どもたちに力を与える代わりに，かいじゅうたちは子どもたちの力を取り上げてしまうのでした。

　その間，私は性的トラウマのサバイバーたちのためのグループをいくつか指導し，また個人的にも援助を行いました。

　私は，彼らのセラピーを通して，彼らの現在の性の問題をどう援助すればよいのか，しばしば途方にくれることがありました。セラピーの途中で彼らの症状は軽減されるのですが，性的欲求低下障害，膣痙，性的依存などの性の問題や，さまざまな望ましくない病的愛好が残ったものでした。この問題で，私は2人の熟達したセックスセラピストであるエレン・コール Ellen Cole 博士とキャサリン・トッド Kathleen Todd 医療ソーシャルワーカー（MSW）に援助を求めました。2人の高度な訓練を受け経験を積んだ専門家のスーパービジョンを受けながら，自らがやがてセックスセラピストとして認定されました。これらの熟練したセラピストに深く恩を感じています。また性的虐待を受けたクライエントの援助をする方や，

またさまざまな性の問題を取り扱う方には，この種の訓練を受けることをお薦めします。

　現在の私の臨床では，性的虐待を含めた幅広い種類の性の問題を取り扱っています。性的な困難を経験しているクライエントを援助するための新しい方法やより良い方法を常に探していますが，TFT は性の問題に迅速に，長続きする改善を提供できるよう私の能力を飛躍的に高めてくれたことに気づきました。

　クライエントにとって（セラピストにとっても），性の問題を話し合うことほど難しいことは他にあまりありません。これらの問題が，われわれが一体何者であるのかと問いただしてくるときもあります。私たちの性は，人間の存在の核にあり，人間の自己感覚を一生通して形成していく上で，大きな役割を果たしています。だから，私たちに連絡し援助を求めるほとんどの個人，カップルは，最初のセッションに訪れるときはとても大きな苦しみの中にいます。ほとんどのクライエントが，援助を求めるまで数年，また多くが数十年の間，苦しみ続けています。過去に援助を求めて失敗したクライエントの方たちも中にはいます。

　性の問題を改善しようとする過去の試みは一般的には失敗していました。それはクライエントが受ける長期的なセラピーは金銭的な負担が大きく，また改善の過程がとても困難で，ゆっくりで，また痛みを伴ったからです。

　次に紹介する事例は，性の問題を含む典型的に困難な状況ですが，TFT が有効であると思えたものです。他のブリーフセラピーのテクニックを併用する中で，私がどのテクニックを使っているのかをご紹介しようと思いますが，私が臨床で使うブリーフセラピーのテクニックで主に使っているのが TFT なので，TFT を強調します。以下に紹介する例が，援助者であるあなたにインスピレーションを与え，あなたの臨床で，性の問題に対して TFT を創造的でかつ情熱的に使っていただけたらと思います。

乏しいボディーイメージによる性的欲求低下障害

　性的欲求低下障害は，性に関して文化を問わず共通する最大の訴えですが，セラピストたちの報告では，改善するのがもっとも難しい問題でもあります。TFT は，この困難な舞台においてさえ，創造的に，また洞察を持って使うことで，変化を促す援助に役立ちます。以下は，乏しいボディーイメージによる性的欲求の低下に TFT を使って取り組んだ事例です。

　ほとんどの人は完ぺきな体を持っていません。しかしながら，容姿に対して現在の文化的な理想を求める，社会の大きな圧力が存在します。広告やその他のメディアでは，女性は背が高く，スマートであり，そしていくぶん筋肉質である必要があり，男性はもっと背が高く，丈夫な筋肉があり，日に焼けてスポーツ選手のように見える必要があります。

　しかし現実は，人間の体は多種多様な形や大きさであり，すべてが愛らしくも感じられるものです。食生活の変化や運動は，潜在的により長い，より健康な人生と個人の幸福につながることは事実であろうとする一方で，私たちの今ある姿の体を愛することも，健康的なライフスタイルへの変化の可能性を奪うものではないことに気づいてもらう必要があります。

　逆説的に，今の自分自身を受け入れて愛することで，変化し，成長するために必要なステップをクライエントが踏めるようになるのです。自己非難によって生じる不安，罪悪感，怒り，そして恥は麻痺することもあります。これらの麻痺したネガティブな感情を取り除く援助をすることで彼らを解放するのです。それが現在をより楽しみ，また同時により健康的なライフスタイルに変わることで前向きになり，人生の質を高める可能性を持つことができるのです。

　ネガティブなボディーイメージの悪影響は大きく，人間関係の中で健康的な性の表現をたびたび妨げます。この文脈において私は TFT を使って

たくさんのクライエント（多くが女性）から容姿に関する不安を取り除く援助をしました。ネガティブなボディーイメージによる性的欲求低下障害をTFTで改善した典型的な例として，ポーラを挙げます。

　背が高くてかわいらしく，しかしやや肥満気味の40代後半の既婚女性であるポーラは，自分の魅力のことをとても心配して，夫であるジョンと夫婦生活をすることができませんでした。ジョンと結婚してからポーラの体重は増し，ジョンは財布の中に得意げに入れているスリムだった頃のポーラの写真をたびたびチラつかせるのでした。彼らとの最初のセッションでは，ジョンは財布を取り出しハネムーンのときのポーラの写真を私に見せてくれました。写真のポーラは露出度の高い水着を着て，大西洋を背後に，手を腰に当ててポーズをとっていました。ジョンは約10年まえのポーラはどれだけ素晴らしく，スリムであったかを私にアピールしてきました。

　ジョンはたびたびポーラの現在の体型について言及し，痩せていたときはいかに魅力的だったかを指摘するとポーラは報告してくれました。ジョンの態度は，ポーラがよりセクシーになりたいとか減量する気にさせるものでもありませんでした。

　ジョンはポーラが今でも魅力的であり理想的であると述べましたが，彼女は困惑したメッセージを受け取っていました。彼女は，体重が増加したせいでジョンが自分にもう魅力を感じていないと思っていました。ポーラがスリムであったこと，また10年前はとても素晴らしく感じられたことを話すのはやめるよう，私はジョンに伝えました。彼は，自分の行いが役に立っていないということを認め，過去を振り返って彼女の身体的特徴をコントロールしようとすることをやめることに同意しました。彼は浅はかにも「今の方法がうまくいかないときは，もっとそれを続けなさい」という戦略を実践しており，自分のこの習慣がポーラをどれだけ傷つけていたか気づいていませんでした。私がこれをジョンに指摘すると，彼は過ちに気がつき，今のポーラについて彼が気に入っていることを褒め始めました。

しかしながら，ジョンの古い戦略はポーラに深い不安を引き起こしており，カップルセラピーの一部としても，彼女の体型に対する不安について取り組む必要がありました。ポーラは，ジョンの言葉を聞くことはでき，また彼が彼女を望んでいるということは頭では理解していたものの，気持ちの面では異なっていました。彼女の理性と感情はお互いにシンクロしておらず，感情的な脳が打ち勝っていました。

私はポーラに対して，TFT は彼女の容姿に関する妥当な心配を取り除くことはないことを注意深く説明しました。しかしながら，もし TFT での介入が成功すれば，ポーラにとって何の役にも立たない容姿に関する不安を取り除くだろうと話しました。1 から 10 の SUD スケールで，ポーラは彼女の現在の容姿に対する動揺した気持ちを 9 だと報告しました。恥のタッピングポイントをつけ加えた不安のアルゴリズムを含む 5 分間の TFT による介入の後，ポーラは 1 から 10 の SUD スケールで 1 を報告しました。彼女は不安や恥を一切感じることなく，容姿のことを考えることができるようになっていました。

この短時間の介入による効果は，後で行った伝統的なカップルセラピーの間，ずっと続いていました。ポーラは体重を減らすこと，そしてより健康的なライフスタイルを営むことを望んではいたものの，女性であることを楽しむことができ，また自分の体が完ぺきではなくても，ジョンが性的な魅力を感じていることも楽しめました。

● ポーラの TFT レシピ

不安・恥：

目の下，顎，脇の下，鎖骨下

9g

目の下，顎，脇の下，鎖骨下

不安を治療してインポテンツを改善

　パフォーマンスの不安から生じるインポテンツの問題を報告する男性クライエントに対して，TFTの単純な不安アルゴリズムが役に立つことを私は発見しました。

　60代後半のアルは，彼の以前の妻であるドリーンとの間で最近生じたインポテンツを訴えました。最初に訪れたときの数カ月前に，アルはドリーンと失望するような性交を経験しました。アルはこの経験の結果として，また勃起に問題が生じるのではないかと不安になり，それが自己成就的予言となり，本当に勃起の問題を引き起こしました。失敗するたびにアルとドリーンの2人の不安はより深いものとなり，関係性は破壊され，やがて離婚しました。アルのインポテンツは離婚に関与しているものの，いくつかの他の要素も関係していたと彼は報告しました。彼がドリーンを満足させようとしてやってきたことが彼女を満足させるには至らず，終わりがないように思えたと話しました。

　私を訪れたとき，アルはちょうどとても興味をひく女性とつき合い始めていました。彼は彼女との関係がうまくいき，性的に親密な関係になりたいと望んでいましたが，この新しい彼女との関係で，勃起の問題がまた生じてしまうことを非常に恐れていました。注意深く質問すると，アルは夜間勃起を引き続き経験しており，またしばしば早朝勃起の体験もしていることが分かり，身体的な問題は可能性としてはありませんでした。私とアルは，彼の不安は状況を改善させることはないし，またこの問題に関与している要素であり得るということを確認しました。

　TFTを試すにあたって，私は治療の目標を注意深く立てました。SUDが1ということは，性的な経験を予期したときでもリラックスできること，または，不安から解放されていることであり，勃起障害の有無にかか

わらず彼が性的な親密さを楽しめることを意味します。

　アルは，今つき合っている女性との性交がうまくいかないことへの恐れに焦点を当てながら TFT の不安のアルゴリズムを行いました。

　TFT のアルゴリズムを終えたとき，彼女との性的に親密な経験の際に勃起に問題が起きる可能性のことを考えても，アルのもともとの不安（SUD 10）が落ち着きとリラックスした感覚（SUD 1）に変化したと報告しました。

　アルは，過去につきまとっていた不安が微塵も感じられず，勃起の問題が生じるか否かについての不安から解放されていることは，いずれにしてもお互いに利益がある状況であることを私たちは確認しました。性的な親密さの心地よさそのものを目的とすれば，勃起の問題が生じたとしても満足でき，またもし性交が可能であれば，さらによくなるということです。

　アルの事例では，特異な関係上の急展開があり，彼とは約 2 年間再び会うことはありませんでした。

　アルと再び会ったとき，彼は結婚していました。彼の妻であるクリスティンがカップルセラピーの予約を取ったのでした。アルとクリスティンはそれぞれ彼らが直面している関係性の悩みを話しましたが，それらは性的な問題と関係ありませんでした。最初のセッションで，私は彼らそれぞれに，性生活を含んだ決まりきった質問をしました。アルとクリスティンの 2 人とも，セックスは彼らの結婚生活がうまくいっていた理由の 1 つであると熱心に答えました。私はアルにインポテンツがあったかどうかという質問を含め，慎重により具体的な質問をすると，数年前はそういった問題も短期的にあったとアルは答えました。アルが 2 年前の援助を覚えているかどうかは分かりませんでしたが，私は彼にその問題について少しでも役に立ったかと尋ねました。彼は「いいえ，自然になくなりました」と答えました。彼がただ用心深くて新しい妻に過去のセラピーのことを知られたくなかったのか，それとも本当に私とのセッションを忘れているのか，私は不思議に思いました。

次の日，アルから予約変更を求める電話がありました。その電話で，以前一緒に取り組んだ私の援助について忘れていたことを彼は謝罪しました。彼は本当に以前のカウンセリングについて忘れており，先のセッションでは，私のことを認識できなかったと言い，イチョウの葉エキス（訳注：血行を改善するサプリメント）を飲んではいましたが，自分の記憶は以前とは異なっていると話してくれました。前回のセッションの数時間後，すべてが蘇ってきて，2年前のTFTのセッション以来，勃起に関する問題はまったくなかったと話しました。
　未来のインポテンツの問題に関する恐怖を取り除くことが，その問題自体を取り除いたことは驚くべきことではありません。
　アルの事例では，私たちが援助できる問題を直接扱う形で，治療のゴール（SUD 1）を設定する方法を示しています。アルの勃起の問題が再発するかどうかは私には知る術がありませんが，私が唯一わかることは，彼の性交のパフォーマンスに関する不安が，彼の役にはまったく立っていなかったということです。彼の不安は私たちが援助できるものでした。彼が勃起でき，それを維持できるという治療目標を立てるのには限界があるのです。目標を設定することは，問題を定義するのと同じくらい重要であることがしばしばです。またアルの事例は，TFTの長期的な効果も示しています。

●アルの TFT レシピ

不安：

　目の下，腋の下，鎖骨下

　9g

　目の下，腋の下，鎖骨下

幼少時代に性的虐待を受けた成人女性の膣痙
TFTと神経言語プログラミング（NLP）を組み合わせた事例

　30代初期のドナは，成熟した性的親密さを含む関係性を望んでいました。ドナは，彼女が言うには「完全体」となり，成熟した女性になることを望んでいましたが，彼女はセックスに対して不安，恐怖，そして嫌悪感を持っていました。慢性的な膣痙を体験していたドナは，何度かの男性関係を持ったことがありますが，いずれも性的に親密な関係には至らず，また数カ月以上続くことはありませんでした。彼女は，32歳にして事実上処女でした。

　ドナは長い間入院治療を受けてきたと話しました。彼女は必死であり，また結果がすぐに欲しいと感じていました。最初のセッションで，ドナは彼女の兄弟とその友達から強姦を受けた記憶に焦点を当てました。この暴力的な記憶に焦点化したとき，彼女は吐き気と嫌悪を感じたと伝えました。この記憶から蘇る感情が非常に強いので，ドナはこの記憶に焦点化し続けることが困難でしたが，この記憶に集中したとき，10段階のSUDで20と答えました。焦点を保つのと，セラピーで経験するストレスの度合いを軽減するために，私は以前習得した神経言語プログラミング（NLP）を使って彼女の感情の強度を下げる手助けをしました。私たちは彼女の記憶の画像をより小さく，遠くに，ぼやけさせ，またカラーではなく白黒の絵にするNLPのテクニックを使いました。過去のトラウマ・不安・怒りのTFTアルゴリズムを使うことによって，モノクロの，小さくて，ぼやけた，遠くにあるイメージを考えたときドナのSUDはすぐに1になりました。

　記憶のイメージを再び大きく，鮮明で，より近く，そしてカラーに戻すようにと促して，これらのトラウマのことを考えてもらうと，ドナのSUDが4に下がったので，再度同じアルゴリズムを繰り返すと，以前は

この記憶に繋がっていた強い感情がなく，この出来事を思い出せるようになりました。

　注意しておくこととして，NLP テクニックを使って記憶の強度を下げるとき，手順を数回繰り返すことが必要かもしれません。たとえば，クライエントにイメージを大きくするよう指示して SUD が 10 まで戻ったとしたら，クライエントの記憶のイメージを鮮明で近くにし，また色づける前に，SUD を軽減させることに取り組んだ方がよいでしょう。

　ドナはこれらの子ども時代の問題を取り扱うために何年間もセラピーを受けていましたが，ほとんど苦痛はなくなりませんでした。その結果，この感情の緩和が長く続くと信じることがとても困難でした。

　しかしながら，次のセッションでもまた後のセッションでも，これらの出来事を思い出してもほとんど感情は戻ってこないと報告しました。ドナは兄弟との難しい関係を，より遠くに，また感情的にならずに思い出すことができました。彼女はこれらの出来事が起きたことを残念に思い，今は遠い関係ですら彼とは続けたくないと考えましたが，彼女の生活を支配し，また彼女の男性との関係性を形作っていた過去のトラウマからはとても解放されたように感じました。

　ドナの事例では，虐待は長い期間に幾度も繰り返し起きました。彼女が焦点を当てた記憶は，彼女が兄弟から，またその友達から耐え忍んだ多くのトラウマ的な出来事を象徴する複合的で一般化された記憶であったようです。ドナの事例では 1 度の TFT で，思い出した出来事とそれと似た出来事に関する苦痛を取り除くのに効果がありました。多くの事例では個別の記憶を TFT で別個に 1 度ずつ取り除くことが必要であることは注意したい点です。

　その後の 2，3 カ月でドナと私は，抑うつ感，完ぺき主義的態度，そして男性一般に対する怒りなどの他の問題に取り組みましたが，ドナは子どもの頃の記憶にもうとりつかれていませんでした。ドナは自分自身の能力

に自信を持ち始め，学校教育を再び受けることにしました。やがて私たちはドナの現在の問題である膣痙に取り組むことになりました。私はエリクソン派の介入法で取り組み始め，彼女の膣痙を虐待の時期に作り出した体の防衛であるとリフレーミングしました。彼女の兄弟は性的に虐待をしましたが，性器を挿入するのがとても困難だったように考えられます。

　私は NLP テクニックを使い，ドナの内面に入り込んで，子どものときに彼女を守ることを学習していた部分につながるように促しました。彼女は難なくこの保護的な部分につながり，この部分を光り輝く甲冑に身を包んだ女性の騎士であるとイメージしました。彼女は自分のこの部分を若く，潔白な少女であり，同時に獰猛な保護者であると見ることができ，私は彼女に膣痙のお礼をその保護的な部分にするように促しました。

　誠実に，また尊重して，私はこの作業に加わりました。私は膣痙の原因であるドナのこの部分に感謝し，とてもまともでない家庭で成長した幼い少女である彼女を守ってくれたことに対しても感謝しました。私はこの部分に，現在と未来の彼女を守る別の方法を見つけることができるかどうか尋ねました。子どもの時には身につけていなかったスキルを大人として今は持っていることを，ドナと私はこの部分に対して一緒に確認することができました。セラピーを通して，彼女は自己主張ができるようになり，また信頼を構築する技術をゆっくりと少しずつではあるけど，着実に学んでいました。現在の自分と未来の自分を守るために，これらの新しいより大人のスキルを試してもよいかどうかを，彼女がこの部分に尋ねるよう導くと，その意思はありましたが，しかし恐怖もありました。私たちはこのドナを守る比喩的な部分に対して，この恐怖に触れてタッピングしてよいかどうかを尋ね，許可を得てから私たちは不安のアルゴリズムを使い，膣痙を手放すことに関する恐怖を解放する援助をしました。

　こうして，ドナは，膣痙に対してより伝統的なセックスセラピーのアプローチを使う準備がようやくできました。膣拡張器などの過去に試してみ

た伝統的な治療法の効果はなく，これらのより伝統的なセラピーは，ドナにより恥を感じさせ，希望を奪い，そして落胆させました。しかし，今回それに類似した治療法を試すと，少しの努力でドナは徐々にリラックスできるようになりました。徐々に大きさを調節する伝統的な治療法である膣拡張器を使うより，私は野菜療法を勧めました。この方法では，新鮮な野菜をステンレスやプラスチックの拡張器の代替として使います。これはより経済的な方法で，プロセスにユーモアがあります。徐々に太さが増す物体を膣に挿入し，リラックスして少しずつ膣周囲筋伸展を促します。

あるセッションの中で私たちはドナの男性に対する恐怖に焦点を当てました。彼女は職場のある上司をとても恐れていました。ドナは頭が良く，聡明であり，おそらく仕事ができたことが理由で，彼は彼女に仕事上特別な注目をしているように思えました。またおそらく他の意図もあったかもしれませんが，彼を脅迫的であり，また恐るべき存在であるとドナは見ていました。彼は，精神障害を患っていて性的に不穏な点を秘めていた彼女の父親の容姿と似ていたのです。私たちは単純な不安のアルゴリズムを使い，その上司に代表される男性一般に対する不安に取り組みました。男性に対する恐怖の生理的な症状は，ドナの場合，頭の圧迫感，冷たくでじっとりとした感覚，そして早い鼓動でしたが，このセッション後に消えて，記憶上初めて彼女は男性を人間として見始めました。

トラウマが根底にある性的な問題の援助としてブリーフセラピーを使うとき，トラウマに関する苦痛が和らいだとしても，上記の事例のように性の問題が残る可能性があることは念頭においておくべきです。トラウマに対する介入が成功しなかったわけではなく，性，親密さ，またジェンダーに関する問題などの他の層の問題がまだ取り扱われていないだけなのです。また喪失，悲嘆，そして悲しみの問題もまたあるかもしれません。恥や罪悪感の問題もあるかもしれません。そしてしばしば怒りの問題もあります。ドナの事例では全部で10回会いましたが，上記のすべての問題を

ブリーフセラピーによって取り扱いました。

● ドナの TFT レシピ

トラウマ・不安：

眉頭，目の下，腋の下，鎖骨下

9g

眉頭，目の下，腋の下，鎖骨下

抑うつ：

ガミュート 50 回，鎖骨下

9g

ガミュート 50 回，鎖骨下

不安：

目の下，腋の下，鎖骨下

9g

目の下，腋の下，鎖骨下

怒り：

小指，鎖骨下

9g

小指，鎖骨下

恥：

顎，鎖骨下

9g

顎，鎖骨下

具体的な性恐怖症の援助

　特定の性的な活動が焦点になることも時々あります。将来的に楽しみたいと思っているけど，不安や恐怖のために楽しむことやその行動をすることを妨げられているとクライエントが感じている事例であるかもしれません。

　通常の手順の場合，不安のアルゴリズムを実施する間，クライエントにこの状況を想像していてもらいます。イメージした性的な状況や活動に関する不安が和らいだとき，将来的にクライエントがリラックスしたいと思うのと類似した状況をざっと確認してもらいます。もし不快に感じる部分が残っているようであれば，TFT を使ってそれらに対処します。これらはクライエントが心地よく感じたいと願う状況や活動であり，そうすべきであると考えている状況や活動，またはパートナーがクライエントに心地よく感じることを求めている状況や活動ではありません。

　エレンはオーラルセックスに不快を感じていました。彼女の嫌悪は過去のトラウマや厳しいしつけに由来しているようではなく，恐らく彼女自身に何かあるように思えました。どうあれ，エレンはこの性的な活動を自分のパートナーと楽しむことを望んでいました。最初のセッションで，私はエレンが楽しみたいと思っている場面に自分がいるシナリオをイメージするよう促すと，そのシナリオは不安感を生み出しました。そこで，私とエレンは不安を引き起こすいくつかのシナリオをイメージして，不安のアルゴリズムを繰り返すと，このセッションの終わりには，オーラルセックスをしている自分の姿を不安や不満を感じることなく想像することができました。

　もちろん，これがある程度続いて，問題の状況に直面したときにも続いていないと改善とは言えません。1 週間後，エレンは 2 回目のセッション

をキャンセルする連絡をしてきて，オーラルセックスに関しては不快に感じていないと報告してくれました。そして，また他の問題が生じた場合，連絡を必ずすると彼女は伝えました。

　特定の性恐怖症の治療を総合的に扱うと，以前はあまり心地よくなかった多くのセックスの場面に対して，より気楽にイメージすることができることがあります。

　しかしながらこれらのいくつかの性的な状況は TFT を使って別々に取り扱われなければいけないこともしばしばです。いずれにしても，性的に虐待された，またはその他の理由で性的な状況に不安や恐れを感じている男性や女性を援助するのに，TFT は新しくて素晴らしい方法となります。

●エレンの TFT レシピ
不安：
　目の下，腋の下，鎖骨下
　9g
　目の下，腋の下，鎖骨下

　もちろん，ほとんどの援助は 1 セッション以上かかります。次のビルとナンシーの事例では，より伝統的な夫婦・家族療法の中で TFT が使われた例を提示します。

夫婦と性に関する複雑な問題
TFT と伝統的なセックスセラピー，カップルセラピーの組み合わせ

　ビルとナンシーは 6 年前に結婚し，3 年前から性交をしていません。彼らは強い感情的な苦痛を経験しており，性的に親密になるという目的を達成するか，離婚するか，それとも別々に生活することを続けるかだと説明

しました。ナンシーはビルが自分に対する興味を失っているように感じていました。

　彼女は彼に拒絶されているように感じ，また彼女が太ったという事実のため彼が興味を失ったのではないかと疑い，恐れていました。

　最初の面接の後，私はナンシーとビルにそれぞれ別々に会って，過去に受けたマスターズとジョンソン Masters and Johoson の伝統的なセックスセラピーの訓練に従って，それぞれのセックス歴を調べました。

　ビルとの個人セッションでは，彼はかつてナンシーに肉体的に魅かれていたと話しました。ナンシーは大きな女性であるにもかかわらず，芸術家であるビルはナンシーの体の曲線にいつも魅かれていました。ビルがナンシーに距離を置いている理由は，彼女の肉体とは関係がなく，彼はナンシーが支配的であると感じており，頻繁に彼を傷つけていたと言いました。ナンシーはビルのセックスのパフォーマンスに対してしばしば批判的であり，ビルは彼女に対して臆病になっていました。セックスの困難さに対してすべての責任を押しつけられているようにビルは感じ，彼女にも部分的には問題があるということを認めてもらいたいと考えていました。さらに彼は，ナンシーが意見や感情の余地を与えてくれないようにも感じていました。

　家族歴を手短にとると，彼の母親は慢性的な病気であったとビルは話し，彼女は病気を理由に人を思い通りに動かすような人だと説明しました。母親が彼を必要とし，依存していたことで，子どもの頃のビルは自分の感情が考慮される余地がありませんでした。

　ビルはナンシーとの関係に性的な親密さをとても望んでいましたが，ナンシーを満足させるのは困難で，かつて一度も十分であると感じたことがないと話しました。さらに悪いことに，ナンシーはビルと以前の恋人をしばしば比べていました。

　伝統的なマスターズとジョンソンの感覚集中訓練，またはタッチング訓

練を始めたとき，性的な親密さの問題を改善したいという彼の意思とは裏腹に，セラピーの初期では性的な事柄を取り扱わないと知って彼はとても安心したと言いました。

　　　感覚集中訓練の最初に，パートナーは合意した時間に会います。ほとんどの場合，衣服は着ていません。1人（触れる側）はもう1人（触れられる側）の体に触れますが，相手を喜ばす目的ではなく，自分がどう感じるかを体験することが目的です。これは胸や性器に触れない，性を含まない部位に触れることからスタートします。触れる側は，触れられる側が不快でない限り，満足するまで相手に触れています。触れる側が終わったら，パートナーは役割を変更し，触れる側が触れられる側になり，そしてパートナーは自分自身の心地よさのために触れることを体験します。

　セッションが終わりに近づいていたとき，ビルは，ナンシーが自分への落胆を表現すると強い不安を感じることについて触れ，ナンシーの頻繁な落胆の表現に対して感情的にも肉体的にも引いてしまうと述べました。やがてビルの不安は怒りと憤慨を経験するレベルまで積み重なり，怒りを表現する代わりに，より引きこもるようになり，結果，ビルは距離を置き，また感情的に応じることができなくなりました。そこで私は，TFTを試すことを提案しました。TFTでナンシーの落胆に関するビルの不安を取り除くことが，現在の視点からナンシーとの関係性に取り組めるようになると考えたからです。

　ナンシーが落胆を表現する可能性を考えると，ビルは容易に不安を感じ，SUDは9でしたが，単純な不安のTFTのアルゴリズムを使うと，ナンシーの落胆の表現のことを考えても，不安や恐怖はまったくないと彼は報告しました。

次の日，私はナンシーと個別に会いました。彼女は，自分の結婚生活が6年間の継続的な拒絶のように感じると話しました。彼女の視点からは，ビルとのセックスは決して満足できるものではないとつけ加え，寝室にいるときいつも感じていた拒絶の不安を述べることで，その点を強調しました。

　TFTを使って，その部屋に象徴されているビルとの関係に関する現在の不安を軽減させてみることにナンシーは同意しました。単に寝室を考えただけで彼女はSUDを8と報告しました。私たちがTFTのトラウマ・不安のアルゴリズムを行うと，ナンシーの共有している寝室とそれが象徴しているビルの拒絶に関する不安のレベルが1まで減少し，彼女はビルとの関係でセックスがないことで自分が責められている感覚がなくなり，また寝室は少なくとも再び中立の場となりました。

　このセッションの間，彼女の両親との関係は非常に困難であったし，今でも困難であることも報告しました。彼女の母親は無力であり，ナンシーのために何もしませんでした。しかしながら彼女の最大の失望は，父親との関係で経験しており，父親は「私に理解を示す」ことがまったくできなかったと彼女は嘆きました。

　ナンシーが父親との具体的な出来事を話し始めると，人柄が見え始めてきました。父親の正しさへの執着，彼女に対する継続的な批判，そして彼が完ぺきでないことを誰かがほのめかそうものなら激怒する等の話から，彼は自己愛性パーソナリティ障害を患っている，または少なくとも自己愛が過度な人であるという考えを共有しました。彼女にとっては不幸なことに，彼は変わることがとても難しい人でした。

　父親の限界が問題を引き起こしているのであり，ナンシーの能力の不足のせいではない，と私は説明しましたが，彼女はそれを良い知らせだと思えませんでした。父親との苦痛な関係と，彼が変わるのは困難であろうと私が推測することを考えるだけで，ナンシーは目に涙を浮かべ，そしてす

ぐに我慢できずすすり泣きだし，苦痛は10だと報告しました。私たちはTFTの悲嘆のアルゴリズムを行うと，すぐにナンシーは心の平穏をとり戻し，彼が彼女の望む父親にはなれず，彼女が必要とする父親にはなれないことを受容すると伝えてくれました（SUD 1）。

　1週間後，私はナンシーとビルの2人に会いました。以前はナンシーが落胆を伝えると，不安がすぐに怒りに変化するので，距離を置いていたのですが，その不安を感じなくなったとビルは報告してくれました。ナンシーは，ビルの個人セッション以来，彼がより関係性に対して前向きになっていることを認め，先週は父親との2回の会話の最中でも気楽であったこと，また父親の「私に理解を示す」ことの限界に強く影響されなかったことを嬉しそうに報告しました。

　ナンシーは最初，セックスレスの契約に非常な困難さを体験し，またそれに耐えていましたが，その間ビルは自分の心地よさのための性を含まないタッチング（勧めていた感覚集中訓練の最初の段階）を楽しんでいました。ビルは相手のために何かをすることに慣れていて，自分の心地よさのためにタッチングをするという概念は思いつきもしませんでした。この訓練が最終的にはセックスをするという目的に役立つということを理解すると，ナンシーはしぶしぶ続けることに同意し，私は感覚集中訓練の第2段階を勧め，次週に会うことに決めました。

　　　感覚集中訓練の第2段階は，胸や性器を触ることが許される以外
　　は最初の段階と同じですが，引き続き性を含まない段階です。「自分
　　の心地よさ」のためのタッチングであり，性交の前戯ではなく，ま
　　たパートナーを満足させるための試みでもありません。

　次のセッションの最初にナンシーとビルは興奮した様子で一番最近に試した感覚集中訓練の直後に得た大きな洞察の話を次のように報告してくれ

ました。

　彼らが結婚する少し前，ビルはずっと以前に自分自身に課した約束についてナンシーに話をしました。ビルは精神的な修養が必要であると感じており，砂漠で孤独な時間を過ごすことを決めており，数年間そのための時間を探していました。結婚生活の制約が，この旅の実現をいっそう難しくするのではないかと恐れ，ナンシーに賛成を求め，結婚前に静修することをお願いしましたが，ナンシーは「もし行くのなら，帰ってきたときに私がここにいると思わないで！」と答えました。

　ビルは心が引き裂かれる想いでした。彼はナンシーと結婚もしたかったのですが，渇望していた休息も欲しかったのです。彼は静修しない決断をし，その後すぐにナンシーと結婚しましたが，複雑な気持ちを抱えながら結局結婚することになり，結婚写真でさえビルの不幸をあらわしていると彼らは言いました。ナンシーはいつも自分勝手であり彼の欲求や気持ちはいつも重要ではなかったと彼はこのセッションで話し，現在でさえ，この出来事に関しては激しい怒りを温存していることを認めました。

　過去からの出来事に対する憤慨は長引くことがよくあり，言葉にできない苦痛の原因となり，またそうでなかったとしても，良い人間関係に悪影響を与えます。このような状況はTFTを使って，憤慨，傷つき，そして怒りを癒す絶好の機会です。ビルとナンシーの事例では，彼はこの出来事を乗り越えることに同意し，ナンシーが同席するセッションで，彼はこの感情的に蓄積された経験のことを考えただけで怒りの強さが7の感情をわき上がらせました。怒りのアルゴリズムを単純なトラウマのアルゴリズムに合わせてTFTを行い，ビルはこの記憶の周囲にある感情を和らげることができました。怒りが去ると，彼はナンシーが過去に持っていた見捨てられ不安に共感することができ，もっとも大切なことは，過去に起きたことがらが現在に何の影響力も持っていないようにビルが感じられたことです。ビルとナンシーの洞察のおかげで，私たちはTFTを使い，この巨大

な障害を，より近しく親密な関係への道から取り除くことができました。

　7度目のセッションまでにナンシーとビルは，最近性交をし始めたと報告しました（感覚集中訓練のスケジュールより少し先行して）。しかしながらナンシーはまだ満足しておらず，オーガズムが望むほど強くなく，また劇的でないと不満を漏らしました。少し援助すると，ナンシーは完ぺきでないものに対する不満を持つ自分は少し父親に似ていると考えることができました。物事が完全でないと，彼女は不満に感じるのです。父親との類似はナンシーにとって気分の良いものではありませんでしたが，彼女は「そうか！」とひらめき，少し思い巡らしてみると，物事が完ぺきでないときには，不安を感じていたということに気づきました。このセッションで，彼女は完ぺきではない不安にチューニングすることができ，自分の人生も世界も完ぺきではないところから生じる不安に対して，TFTの不安のアルゴリズムを行い，不安は1まで減少しました。

　ビルとナンシーは最後のセッション後，しばらくして他の地域へと引越しました。落ち着くと私に電話をしてきて，セックスのパートナーとして，また友達としてお互い楽しんでいる，という連絡をくれました。ナンシーの言葉でいうと「すべて以前よりうまくいっています，少なくともほとんどの時は。完ぺきなものなんてないけど，それでも大丈夫です」とのことでした。

　たった7回のTFTと伝統的なセックスセラピーを取り合わせたセッションで，彼らの望んでいた満足のいく，また親密な性を含んだ関係性を取り戻すことに成功しました。

　この事例は，マスターズとジョンソンのセックスセラピーのアプローチ等とTFTをどのように一緒に使用できるかを示しています（マスターズとジョンソンの感覚集中訓練についてのより詳しい説明はヘレン・シンガー・カプラン Helen Singer Kaplan M.D., Ph.D. による『図解セックス・セラピーマニュアル The Illustrated Manual of Sex Therapy』（第2版）を参照

してください）。

●ビルとナンシーのTFTレシピ

ビルの不安：

目の下，腋の下，鎖骨下

9g

目の下，腋の下，鎖骨下

ナンシーの悲嘆：

眉頭，鎖骨下

9g

眉頭，鎖骨下

ビルのトラウマ・怒り：

眉頭，鎖骨下，小指，鎖骨下

9g

眉頭，鎖骨下，小指，鎖骨下

ナンシーの不安：

目の下，腋の下，鎖骨下

9g

目の下，腋の下，鎖骨下

　次のリストは，性の問題に対してより効率的で効果的にTFTを使うためのものです。このリストは，キャラハン博士によって認められているトレーニング（最低でもアルゴリズム）を受けているセラピストに，とても役に立つと思います。

TFTを使うことによって改善が望める性の問題の例

1. 性的欲求低下障害（性的欲求の欠如）
   A. 欲求の欠如が容姿に関する不安と関係するとき
   B. 欲求の欠如がパフォーマンスに関する不安と関係するとき
   C. 欲求の欠如が過去のトラウマと関係するとき
   D. 欲求の欠如が怒りと関係するとき
   E. 欲求の欠如が罪悪感と関係するとき
   F. 欲求の欠如が恥と関係するとき
   G. 欲求の欠如が当惑（恥ずかしさ）と関係するとき

2. 男性の勃起障害（インポテンツ）
   A. 過去の失望するような性的体験による不安
   B. 勃起障害が怒りと関係するとき
   C. 勃起障害が罪悪感と関係するとき
   D. 勃起障害が恥と関係するとき
   E. 勃起障害が過去のトラウマと関係するとき
   F. 勃起障害が当惑（恥ずかしさ）と関係するとき

3. 膣痙
   A. 膣痙が過去のトラウマによるとき
   B. 膣痙が不安によるとき（容姿やパフォーマンスに関する不安）
   C. 膣痙が罪悪感によるとき
   D. 膣痙が恥によるとき
   E. 膣痙が当惑（恥ずかしさ）と関係するとき

4. 早漏

A. 早漏に関する不安を軽減する（男性のパートナーが問題を体験しているときは特に有効ですが，不安の軽減はパートナーにも役立ちます）。
B. 早漏を体験している人，またはパートナーの怒りの軽減
C. 早漏に関する恥の軽減
D. 早漏に関する罪悪感の軽減

5. 依存的性行動

　他の依存的衝動と同様に，これらの依存はクライエントが不安に対処する方法となっています。性的サディズム，摩擦症，露出症，小児性愛，窃視症，性的マゾヒズム等の性的依存，異性装等の好ましくない性的活動に対しては，不安，過去のトラウマ，怒り，罪悪感，恥，そして当惑の治療が効果的な長期治療の重要な一部となります。

6. 性同一性障害

　TFTのテクニックは性同一性障害の治療の一部となることが可能です。短期治療における適切な治療ゴールは以下の通りです。

A. 性別や性的指向とは無関係に，自分自身の体に対して抵抗をなくす
B. 女性的である，また男性的である活動に抵抗をなくす

第7章

TFTを認知療法と併用する

Chapter 7 ▶ Using Thought Field Therapy with Cognitive Therapy

> われわれの世代におけるもっとも偉大な発見は，人間は心の有様を変えることで人生を変えることができる，という発見である。
>
> ウィリアム・ジェイムズ
> William James

　かつて認知療法は，「1950年代における常軌を逸した新セラピー」という位置づけでした。しかし発表されて以来，その革命的な発想が引き起こした議論の嵐を潜り抜けて，今日ではもっとも優れた心理療法の技法の1つとされています。認知療法にはいくつかの重要な限界もありますが，TFTを巧みに用いる際に，問題の設定において役立つことがあります。

　たとえば，他の人の行動によって自分の振る舞いがある種のパターンに「強いられてしまっている」と信じ込んでいるクライエントの事例が時々あります。そのような時，クライエントは，しばしばこんなふうに弁明するものです。「彼女が私のことを負け犬呼ばわりしてイラつかせたりしなければ，彼女のことを殴ったりしなかったのに」，あるいは「彼女が職場の人々の面前で私のことを侮辱したりしなければ，こんなに動転しなかったのに」，または「娘がもっと常識的な時間帯に帰宅していれば，カッとなって彼女をこんなになじったりしなかったのに」などなど。

　認知療法の先駆者の1人であるアルバート・エリス Albert Ellis は，出来事がわれわれの反応を引き起こすわけではないと述べています。もし出来事がわれわれの反応を引き起こすのだとすれば，世界中のすべての人

が，同じ出来事に同じように反応することになってしまいます。「出来事」と「反応」との中間に生じている「何か」が存在しているはずです。アルバート・エリスはこの「何か」を自動思考（Self-Talk）と呼びました。それは，その出来事について私達が自分自身に言い聞かせる言葉であり，それこそ私たちそれぞれ個別の反応を引き起こすものなのです。大人に対しては，拷問でもしなければ，ある特定のパターンの行動を人に強いる力を持った人など誰もいません。認知療法は，クライエントが人生の特定の出来事に対して示す反応を変化させる必要性について考え始めることを手助けするものです。

　実際にはエリスは彼の新治療技法を「論理療法 Rational Therapy」と呼び，アーロン・ベック Aaron Beck はそれを「認知療法」と名づけ直しました。しかしどちらの呼び名であろうと，この治療技法は，クライエントが彼ら自身の非機能的な信念と厄介な自動思考に気づくことを助けてくれます。ひとたびこれらの問題をはらんだ信念や厄介な「独り言」が特定されれば，治療者は TFT を導入することで，クライエントが古い信念を新しい機能的な信念に置き換えたり，「自分への独り言」を刷新することを手伝うことができるようになります。

　よく知られた非機能的な信念として「私はいつも皆から好かれていなければならない」「自分が思ったとおりに事が運ばないことは恐ろしいことだ」「私はすべての言動において完全かつ有能でなければならない」「私はいかなる時も自分を制御しておく必要がある。さもないと何かよくないことが起きてしまう」「もし誰かが私に腹をたてたとしたら，私は何か間違ったことをしでかしたに違いない」「この世界は恐ろしい場所だ」「人は信用できない」「人はいつも裏切る」「物事を正しく行うには，自分自身でそれを行わなければならない」などがありますし，もっとよくあるのは「人は，私がそうあるべきだと思っているとおりに行動すべきである」とか「物事は私がそうあるべきと思っているとおりに運ぶべきである」などの信念で

す。

　非機能的な自動思考は，たいていの場合，1つ以上の上述の信念，または類似の信念を反映しています。

　数年前，自動思考の日誌をつけながら，怒りや不安といった特別な問題に取り組んでいるクライエントに私はこのように依頼しました。彼らの望まざる感情のきっかけとなった出来事を同定し，それに対する彼らの反応とその反応の影響を書きとめてほしいと。そして私は彼らにそのような反応を引き起こした自動思考を特定することを試みてほしいと頼みました。次に，もっと異なったより望ましい反応ができる可能性を高めるためにはどのように答えたほうがよかったのか，またそのことでどのような影響が想定されるのかを書き出すようにクライエントに求めました。

　この認知行動療法的なアプローチを使うと，結果的にクライエントは新しいものの見方と新しい自分への言い聞かせを学ぶことができるでしょう。もっともそれは，クライエントが治療に十分時間をかけることができ，重要なトラウマとは関係のない問題を取り扱っている場合においてです。

TFTを使う時に認知療法はどのように役立つのか

　非機能的なクライエントの信念の数々を同定することは，クライエントが抱える問題を浮き立たせてくれるので，結果として，その問題を短期間のうちにTFTによって簡潔かつ効果的に扱うことが可能になります。あるクライエントが，たとえば，物事をぐずぐずと先延ばししてしまうことを訴えて来談したとします。この問題について話し合ううちに，そのクライエントが，やるからには完ぺきに仕上げようとするあまり物事を先延ばしにしてしまっていることにあなたは気がつくかもしれません。この内面的な完全要求が大きな不安を引き起こし，結果として，ほとんど何も行われないことになってしまいます。「間違いを犯すリスクをとるよりも，何

も行わない方がまし」というのがこのクライエントの無意識的な信念なのです。

このクライエントは，自身が行うことはすべて完ぺきである必要がある，という身動きできなくなるような信念を持っているようです。彼女は，完ぺきではないこと，または間違いを犯すことを恐れています。彼女の非機能的な信念は，「行うことのすべてにおいて私は完ぺきでなければいけない」あるいは「間違いを犯すことは恐ろしいことだ」というものなのでしょう。これらの非機能的な信念は両方とも，古くてよく知られた格言「行う価値のあることは，正しく行われるに値する」と関連があります。これら2つの信念は似ていますが，クライエントによってどちらの信念により強く共感するかは異なるようです。もっとも共感できる表現とともに進むことがクライエントにとってはベストです。

私たちの架空の事例において，そのゴール（SUDレベルが1）は，完全ではなくても何事かを行うことに不安を感じない，あるいは，間違いを犯すことや完ぺきでないことに対して，何か別の方法で動揺しないでいられるというものです。結果として生じる認知の変容は，「すべてのことが完ぺきに行われなくても大丈夫」あるいは「間違いをしでかしたとしてもよし。私は人間なのだから完ぺきではあり得ない」というようなものでしょう。

私は，認知療法的アプローチが，問題を同定してその本質を浮かび上がらせる治療の第一段階においてもっとも有用であるということを強調したいと思います。ひとたび治療者とクライエントが正確な信念を同定できれば，たいていの場合，その問題に対してTFTの不安のアルゴリズムをすばやく効果的に導入することができます。私の観察では，問題に対する治療にTFTが首尾よく使われると，クライエントの認知の変容はほとんど瞬時に起きます。それは，認知療法が問題の設定作業の一部分としてきっちりと行われたかどうかにかかわらず言えることです。

コントロールすることの必要性

　おそらく，もっとも一般的な非機能的信念は，「わたしはすべての物事や人物をいつもコントロールしていなければならない」というものでしょう。

　多くの人々にとって「コントロールできていない」と感じるときには，著しく強い不安がつきものです。彼らは，自分の子どもたちが言いつけに従わなかったり，学校で些細なトラブルに関与したりすると，他の人々よりも動転します。宿題ができていなかったり，子どもが門限をほんの少し過ぎたり，通常許されていない場所に行きたいティーンエイジャーが小さなウソをついたりしたときに，この種の不安を抱えた人は，人生を脅かす危機にさらされたような反応を示します。同様に，夫が仕事からいつもより1時間遅く帰宅したり，妻が自分の好み通りにポテトを料理していなかったり，バレンタインのカードが忘れられていたりすることは，コントロールの効かない災害のようなものだと，コントロール志向の強い人々には感じられることでしょう。

　以下のお話は，コントロールしようとすることがいかに不安として現れ，人間関係を極限にまで緊張させてしまうか，また不完全な認知や非機能的な信念を同定することの重要性についても示しています。

　グレンダは，成功したビル建設業者と18年間結婚生活を営んできました。2人は素晴らしい自宅を所有し，4人の子どもたちに恵まれていました。2人は，地域社会で活動的に過ごしており社会的には有名な夫婦でしたが，2人の関係は幸せではありませんでした。グレンダが，初め個別のセラピーに訪れ，夫は彼女との不満足な関係に耐えかねていて，もし妻が治療を受けないなら離婚することを考えていました。

　当初グレンダは，夫の不満がもっともであることに気づいておらず，夫

の主張を取り上げるに値しないものとして却下し，夫が彼女との関係において何が本当の問題であると考えているのか実際のところわかっていませんでした。けれどもグレンダは，夫のモーリーが彼女と真剣に関わってくれないことに不平をもらしていました。彼女はモーリーのことを，妻や家族とともに過ごすことよりも蓄財に励んで豊かな生活を送ることに興味を抱いている「美食家」だと表現しました。グレンダにしてみれば，モーリーは喜ばせることが難しい人で，彼女のあら探しに労力をさいているように見えたのです。

最初のセッションにおいて，グレンダが10代のときに両親が離婚していたことを私は知りました。両親の離婚はグレンダと2人の兄弟を驚かせました。グレンダは，父親とも母親とも密接な関係にあったので，私たちの最初のセッションの時から，彼女はこの人生早期の失意の出来事について心穏やかではいられませんでした。グレンダが，すでにわかっていた家族の崩壊で起きたことに悲しみの涙を流したとき，私たちは，彼女の現在の人生に影響している早期の喪失と荒廃体験についていくつかの喪の作業を行いました。TFTの悲しみと不安のアルゴリズムを行うと，グレンダはまもなく落ち着き，子ども時代のトラウマを受け入れられる感覚が得られたことを報告しました。

グレンダが2度目のセッションに訪れた時には，両親の離婚問題に関する心の整理はさらに進んでいましたが，夫との関係については依然として不安定で心配を抱えていました。彼女は夫と離婚するつもりはなく，家族が一緒にいられることを望んでいました。結婚生活が破たんしてしまう可能性は，彼女にとって考えられることではまったくなかったのです。彼女は何としても，子どもたちに自身と同じ経験をさせたくないと考えていました。

グレンダは，自身の人間関係のあり方で何が間違っていたのかを説明しようとしており，モーリーとの関係で何がよくなかったのかを私に知らせ

るという設定で，過去からの出来事を再現することから始めました。私は彼女にこう説明しました。「私たちが過去からの出来事をくよくよし続けるなら，数年がかりの治療になりますよ」と。また「カップルセラピーは，より良い現在とより良い将来を作り出すことを試みるものです」と説明しました。ちょっとしたコーチングで，彼女は前向きに夫に何を望んできたのかを表現できるようになりました。彼女はモーリーが，遊び以外の，たとえば躾けをしてその後に子どもたちの成長がみられるようなことにもっと関わってくれることを願っていました。現在，グレンダは，いつもモーリーによって自分が「悪者」に仕立てられていると感じていました。モーリーと子どもたちとの相互関係が，グレンダと子どもたちの関係の障害物となり，彼女が子どもたちと楽しむことを妨げていたのです。

さらに彼女にとって大切なことは，たとえそのことがモーリーにとっては否定的なことで面白くないことであったとしても，夫婦で話し合いながらともに子育てをするというような問題を，お互いの会話の中で持ち出すことができるようにしたいということでした。グレンダは，彼は何か聞きたいことでもない限り，いまだかつて自分の話に耳を傾けてくれたことはないように感じていたのです。

ますます明らかになってきたことは，もし私たちのゴールがこの結婚生活を維持することであるならば，モーリーもこれらのセッションに参加する必要があるということでした。私には，モーリーの側の不満が何なのか，そして彼にとって2人の関係を存続させることを難しくさせているのは何であるのかが，まだはっきりわかっていませんでした。私はすでにグレンダと個別に2度面接していたので，夫婦一緒のセラピーに移行できる可能性を模索する前に，モーリーを個人セッションに招くことにしました。私には，モーリーがこの結婚生活のために取り組むつもりがあるのかどうかを知り，彼が求めていることをもっと明らかにすることが必要でした。

モーリーとの個人セッションで，彼は「疲れ果てている」と言いました。

彼は「すべてが出て行くだけで，何も戻ってこない」と感じていました。彼は，仕事については愛していると述べ，おおむね職業生活は順調だと報告しました。しかし家庭生活のほうは，別のストーリーとして体験していました。モーリーが不満に思っているのは，グレンダが「いつも怒っている」ことでした。家庭において，グレンダはいつも子どもたちに対して金切り声をあげていました。モーリーには，グレンダは間違いを探さないではいられない人として映っていました。外出していても，友人とともにいるときさえ，グレンダはモーリーのことを悪しざまに言うので，そのことに気づいた友人たちが彼女の言動のことを言ってくるというのです。

　過去のことをくよくよ考えるのではなく，モーリーが妻に感じている不満に共通して織り込まれている糸があるとしたらどのようなものか例をあげてほしいと私はモーリーに頼みました。彼が次から次へとその例をあげていくうちに次第に明らかになってきた共通する糸とは，グレンダは，予期しない事態に対処できないということでした。彼女は高度に秩序だった人間で，物事が円滑に運ぶことを要求していたのです。しかし物事というものはそうはいかないものです。しかしグレンダにとって物事が「そうあるべきように」正確に進まないとき，彼女はそれを「紐で縛ろう」としました。しばしば，この状態はグレンダが金切り声をあげる事態にまでエスカレートしました。モーリーは，自分ができる限りのことはやってきたと述べ，「それが彼女のやり方なんです」と言いました。さらに，これ以上我慢ができないし，自分に休みが必要だと続けました。

　グレンダは変わることができると，私が楽天的な見方を示すと，モーリーはかなり疑わしそうな表情を見せました。私は自分の見立てから，彼女はコントロールされていないことから生じる不安に単純に苦しめられていることを伝えました。物事が計画通りに正確に進まない時，そうした事態はグレンダにとって非常に恐ろしいことなのです。私はモーリーに「このような不安は通常，修正することは容易です」と伝えると，彼は私に疑

念のまなざしを向けました。それはまるで，私が彼にブルックリン橋を売りつけようとしているかのようでした。モーリーは渋々ながらカップルセラピーを行ってみることに同意してくれました。

　私たちの最初の夫婦セッションでは，グレンダに役立つどんなことがモーリーにはできるのかということに焦点を当てました。グレンダの話す内容が否定的なものであったとしても，「彼女がその情報を分かち合っている最中には金切り声をあげない」ことを条件に，モーリーはその話を傾聴することに同意しました。またグレンダが明確にアドバイスや意見を求めない限り，積極的な傾聴のみを行うことにも同意しました。（多くの男性と同様に，モーリーは，自身の仕事は問題解決だととらえ，耳を傾ける対象とはみなしていませんでした。）グレンダの方は，この提案に喜んで同意しました。1日の終わりには，2人はお互いの好ましい点について分かち合うことになりました。もし，物事が計画に沿って進まず，グレンダが心穏やかではいられなかったとしても，その問題については次回のセッションで扱うことにしました。

　次の週に，グレンダとモーリーは事態がかなり改善してきたことを報告しました。お互いのどのような点が好ましいかに焦点を当てることがもっとも助けになったという点で2人は一致しており，2人とも，お互いの肯定的な側面を取り上げる夜のエクササイズを楽しんでいました。

　モーリーは，自身が管理職的なビジネス・ペルソナを自宅に持ち込んでいたことに気づき，今や，仕事の顔は職場に置いてきて，自宅の正門をくぐる前には素の自分へと切り替えるようになっていました。そして彼は，積極的にグレンダの話に聞き入り，グレンダが聞いてもらえていると感じられるようになったことで，たとえば夫婦が子どもたちを育てていく責任を分かちあうことなど，問題について2人が話し合う道が開けました。彼らは二度ほど口論になりましたが，グレンダは少し援助すると，どちらの場合も物事をコントロールできていないという彼女の気持ちから生じてい

ることに気づくことができました。彼女は，いつも物事を管理しておく必要があり，さもないと何かよからぬことが起きてしまう，と信じていたことを認めることができたのです。これは，幼少期に両親が離婚したときのコントロール不能という感覚からおそらく派生しているものだろうと私たちは同意しました。

　グレンダは，常時，他者をコントロールしておくことはできないということを理性ではわかっていましたが，自分の非機能的な信念が，いつも周囲を管理しておくように自分に命じていることに気づきました。物事が完ぺきではないとき，それはグレンダにとって脅威でした。そうした事態は，グレンダがコントロールできていないという合図を送るのです。私は，結局のところ完全に物事を管理できる人はいないということを彼女に思い起こしてもらいました。この点において，彼女は安心を得る必要がありました。私は彼女に，すべての面でコントロールできていないということに起因する不安感に意識を向けてみてほしいと頼んでみると，彼女はSUDレベルで7であると報告しました。私たちが，TFTの悲しみ／不安／怒りのアルゴリズムを使うと，数分のうちに彼女は，絶えず物事をコントロールし続けることはできないという事実に関連した不安を感じなくなったことを報告してくれました。グレンダはこのように言いました。「いつもコントロールしていることはできないことはわかっていて，でも，それでも構わないわ」と。このセッションでは，コントロールし続けることの必要性に関連したグレンダ自身の認知と自動思考を修正することができたわけです。

　5回目のセッションが私たちの最後のセッションになりました。グレンダとモーリーは，さらに事態が改善してきていることを認め合っていました。モーリーには，もはや離婚の考えはありませんでした。物事が完ぺきには進まなくても，以前の反射的な反応は出てこなくなったとグレンダは報告してくれました。何より重要なことは，モーリーが真摯に耳を傾けてくれ

ているとグレンダが感じていることでした。もし以前の不安感が再燃するような経験をしたら，グレンダは私に電話で知らせることになりました。

●グレンダの TFT レシピ

悲しみ／不安／怒り

眉頭，目の下，腋の下，鎖骨下，小指，鎖骨下

9g

眉頭，目の下，腋の下，鎖骨下，小指，鎖骨下

不安

目の下，腋の下，鎖骨下

9g

目の下，腋の下，鎖骨下，

次のページに示すのは，TFT で対応できる非機能的な信念のリストです。包括的なリストではありませんが，問題を設定する最初の段階で，非機能的な信念を特定していく方法の例を示しています。

それに対応して，このリストは，より機能的で SUD の 1 に見合うような信念の設定方法の例示にもなっています。

◇ TFTを使って取り組める一般的な非機能的信念

非機能的信念	SUD1レベルに相当する信念
常にすべての物事をコントロールしていなければならない。	私は他者や世界をコントロールすることはできない。そのことに関して私は心穏やかだ。
自分だけの要求を持つことはよくないことだ。	私の要求も同様に重要だ。
もし人を傷つけるなら、私は真実を言うことができない。	時に、他者も真実を耳にする必要がある。だから、たとえ困難でも、時に私は本当のことを言う必要がある。
もし誰かが私に対して怒っているのなら、それは私が間違っているからだ。	怒りは怒っている彼らの問題であって私とは関係がないときがある。
怒ってはいけない。	怒ってもかまわない場合がある。
愛は完全であるべきだ。	人は不完全なものである。だから愛も不完全なのだろう。
私は痛みを伴わない人生の権利を与えられている。	人生に保障はないし、私はそれを受け入れる。
私は常に皆から愛されている必要がある。	私のことを好かない、愛さない人がいたとしても大丈夫。
自分の言動において、私は完ぺきである必要がある。	私は完ぺきでなくても、それでよい。
人は、私がそうあるべきと考える通りに振る舞ったり、考えたりすべきだ。	私は人の考えや振る舞いをコントロールすることはできないし、それでかまわない。
人生は公平になるように仕組まれている。	人生は公平とは思えない時もあるが、それを受け入れる。
間違いを犯してはいけない。	私は間違うことがあるし、そのことを受け入れる。
争いはよくないもの。私はなんとしても争いを避ける必要がある。	争いは人生に必要な一部分であり、私はそれを受け入れ、落ち着いて向き合える。
他者の要求は私の要求よりも常に重要だ。	私の要求も同様に重要だ。自分を大切にしてよい。

第8章
認知療法が効果的でない時
TFTを使ってトラウマを治療する

Chapter 8 ▶ When Cognitive Therapy Doesn't Help: Using Thought Field Therapy to Treat Trauma

> 人は，自分の脳の言語的，理性的な部分はほとんど理解しているため，自分の心の部分はすべて議論と意志の圧力に対して修正可能であるべきだと考えている。そうではない。言葉，良い考え，論理は，３つのうちの２つの脳には少なくとも何の意味もない。人の心の多くは指図を受けないのである。
>
> トーマス・ルイス，ファリ・アミニ，リチャード・ラノン『愛の一般理論』
> Thomas Lewis, M.D., Fari Amini, M.D., Richard Lannon, M.D. *A General Theory of Love*

　認知療法は，トラウマに関係しない心理的問題の治療においては，時に有用です。その一方で，トラウマを扱う際に，認知療法の効果がなぜ限定されるか理解するには，神経学者ジョゼフ・ルドゥー Joseph Le Doux の研究が役に立ちます。ルドゥーは，慎重な研究によって，トラウマの記憶が他の記憶とはまったく別の方法で記憶されることを実証しました。[1]

　ルドゥー以前には，命を脅かす可能性のある類の情報は，日常のより当たり前でトラウマほどは感情的な落ち込みの少ない情報と同じ方法で脳に入ると考えられていました。すなわち，情報は感覚器官（目，鼻，耳，口，肌）を通じて脳に入り，それから視床に向かい分類されて，大脳皮質の適切な分野に送られます。目を通して入った情報は，視床から視覚野に向か

い，耳から入った情報は視床から聴覚野へ向かうなどです。それから，通常の情報と非常に異なるものは，異なった方法で保管されます。生命の危険の可能性のあるデータを含む情動的に行き詰まる情報は，大脳皮質から扁桃体に送られ，扁桃体は，環境の状況に対して感情に掻き立てられる辺縁系の一部です。

　しかし，ルドゥーと彼の同僚たちは，トラウマ的な，情動的に掻き立てられた情報は，まったく異なった方法で，扁桃体に送られることを発見したのです。視床から大脳皮質の適切な分野へ進む代わりに，別の経路を通じて扁桃体そのものに直接到達します。これが，比較的深刻な情動的トラウマに関する認知療法に限界があることを説明しています。

　認知療法は，理由づけする私たちの能力に左右されます。私たちの理由づけの能力は，大脳皮質を使用する私たちの能力に作用します。トラウマ的出来事に関連する感情は，大脳皮質にほとんど関連がないようなのです。ルドゥーは，今では有名になった実験で，これを証明したのです。ルドゥーは，実験用のラットのグループの脳の聴覚野を破壊し，同時にこれらのラットをベルの音と電気ショックに曝しました。

　ルドゥーは，何度も繰り返した後に，ベルの音と電気ショックに曝されたラットをそれぞれベルの音だけに曝したところ，ラットは聴覚野がなくなっているにもかかわらず（ラットは意識的に聞くことができなかった），前にベルの音と電気ショックの両方に曝された時と同じストレス反応を示したのでした。

　ルドゥーは，不消去理論 Theory of Indelibility を提唱しました。「われわれの情動系が学んだことは，もう手放すことができないようだ。治療ができることは，それをコントロールすること……大脳の新皮質が扁桃体を抑制する方法を教えることである。活動的傾向が抑制される一方で，それに関連する感情は抑圧された形で残る」[2]

　しかしながら，私も他の人も，深刻なトラウマを受けたクライエントと

TFTを行っていると，PTSDに伴う悪夢，侵入的な記憶や極度の驚愕反応が消えることがわかっています。エネルギーシステムや神経システムと内在的な関係のある思考場のパータベーションを通じて，トラウマに直接取り組むことで，特定のトラウマに打ちひしがれた記憶の周りにある自律神経に蓄積された情動的負荷が，永遠に消えていくのです。類似した内容，フラッシュバック，侵入的想起を伴う出来事に対する膝反射のような外傷後記憶の症状は，もはや永遠のものとしては考えられないのです。ルイの例が，これを示しています。

TFTを使って PTSD（外傷後ストレス障害）を治療する

ルイは，妻のスーに伴われて初回面接に訪れました。彼は，訪れる3カ月前に死亡者が出た交通事故に遭いました。この事故以来，ルイは大酒飲みになり，それ以前は巧みにこなしていた仕事も同じようにはできないほど能力に限界が出ていました。スーは彼の心理状態，特に飲酒について心配していました。彼女は，自分の知っていた夫をなくした気持ちで彼女もまた自動車事故の犠牲者だったのです。

ルイには，2つ目の課題もありました。事故は彼の過失ではなく，彼は相手のドライバーの保険会社に医療費の請求を訴えるつもりでした。医療費は，カイロプラクターのオフィスや私のところに通う交通費も含まれ，そもそも心理療法士に会うよう彼に初めに勧めたのは，彼の弁護士でした。

彼は，事故が頭から離れませんでした。相手のドライバーが赤信号で左折したため，ルイの職場のトラックが側面にぶつかったのです。助手席に座っていた初老の女性は即死で，その夫が車から飛び出してきて，「お前が彼女を殺したんだ！」とルイに怒鳴りました。

ルイは，スローモーションで起きたようにその事故を鮮明に記憶してお

り，ブレーキを踏んだこと，車のサイドの助手席に突っ込んだこと，女性の死に顔を見たこと，その夫の怒鳴った言葉を覚えていました。車から女性の遺体を医療スタッフが降ろしたのも覚えていました。とてもよく覚えていたので，他のことがあまり考えられませんでした。

　これらの辛い記憶のため，ルイは会社のトラックを運転できなくなったので，理解ある上司は彼を他の職務に就かせました。それでも，彼は絶えずそこにあるこれらの記憶から逃れるために，お酒を飲んで寝ることを見つけたのです。ルイはスーに同意して，こんなことを続けていてはいけないことはわかっていたのですが，ではどうすればいいのかがわかりませんでした。「私は人を殺した，それはもう変えられない」とルイは嘆き悲しみました。

　私は認知療法を使ってみました。「あなたは自分自身に『自分はあの女性を殺した』と言うことでもっと自分を動揺させていると思いますよ。あれは事故だったのです。あなたの過失でもありません。計画していたことではありません。あなたもあの女性も実際は，誰かの過ちによる犠牲者です。あなたはこれを覚えておく必要がありますよ」。しかし，私の善意はあるが，少々的がはずれた試みは聞き入れてもらえませんでした。

　次の面接日を決める前に，苦痛が少し和らぎそうなことを今度はしてみましょうと私はルイに伝えておきました。

　ルイは，2回目の面接もスーを伴って到着しました。彼は，このところ可能な限り少しだけ運転しており，セッションの間，スーを横に座らせていました。それがセラピストの相談室に相談に行くことなど以前はまったく考えていなかった彼には落ち着くのでした。

　ルイは，タッピングがどのように自分の援助になるのか想像できませんでしたが，彼は必死で，私が彼にとって援助となりそうだと思うことは「何でもやってみる」つもりでした。ルイは，はじめ出来事そのものに焦点を当てていました。私たちは，トラウマ／不安のアルゴリズムを使いました

が，彼のSUDレベルが10から1に軽減されると，SUDがまた10に上がったと報告しました。そのときの彼は「おまえが彼女を殺した」と言った死亡女性の夫に焦点が当たっており，打ちひしがれ，このときには罪悪感でした。再びルイはSUDが10と答え，涙が彼の頬を伝って落ち，すすり泣きました。「あなたがどう見ようと彼女は亡くなった。私がやったんだ。私が殺した」。再び，今度はトラウマ／罪悪感のアルゴリズムを使ってタッピングをしました。ルイは，2度目にSUDレベルが1に達すると，微笑みました。「罪悪感はもうないんだよね。女性が亡くなったことは残念だけど，本当にそれは私の過失ではなかった」と彼は話し，「実際」とさらに続け，「私は頭にくるよ。あの男性が違反して左折しなければ，問題は起こらなかったと怒ってる。ここまで乗り越えてきたんだね」

　私はルイに，あの男性の過失を許して，この先の人生を進んでいきたいか尋ねると，彼はそれに賛成して，TFTの怒りのアルゴリズムを行うと答えました。彼のSUDレベルは，3度目も軽減され，今回は5から1になりました。彼が相談室を出る時には，「うれしい」と感じると言ってくれました。私は彼に，何が良くなって何が良くなっていないかその週に気にしてもらうよう伝えました。そうすることでこのセッションで始めた作業を続けていけるからです。

　次のセッションで，私はルイに数カ月ぶりに会いました。彼は，このセッションにはひとりで参加し，PTSDの症状から解放されて落ち着いていると報告しました。彼の上司は，次の月曜日から彼にトラックの運転を再びさせてみることにしていました。もし，トラックの運転やその他のことで彼の以前の症状が引き起こされることがあれば，すぐに私に電話をして予約を取ることをルイは同意してくれました。

　ルイの飲酒は減りましたが，彼はこの問題に取り組み続けたいと語りました。飲酒の問題は彼のトラウマ以前から明らかにありました。私はこれについてもTFTが有効であろうと勧めましたが，彼はセラピーで何とかし

たいタイプではなく，自分で断酒してみると答えました。

　それから2，3カ月間，彼からの連絡はなく，再び彼に会った時には，物事がとても良くなっていると報告してくれました。彼は，仕事で運転しており，事故のことで自分を責めることはなくなっていました。ルイは，事故のことを覚えているけれど，それはもう自分の毎日の生活にいつも侵入してくる思考ではなく，他のことに集中できる力を得てきていると語ってくれました。彼は，飲酒を完全に止めておらず，後に援助をお願いするかもしれないと言いました。私はどこにも行かないし，彼が援助を必要とすれば，いつでもここにいますと伝えました。

　ルイは，実は，私に手紙を書いてもらうためにここに来たのでした。それは，PTSD の 3 回の治療を保険会社に補償してもらうためのものでした。

　以上の事例の流れは，PTSD に関する治療について，認知療法の限界と TFT の利点を示したものです。ルイの話は，また，「歯－靴－こぶ（TSL）」効果がしばしばトラウマ治療中に起きてくることも示しています。そして，私たちは，PTSD のすべての症状を迅速に効果的に取り除く TFT の力の良い例をご紹介できたわけです。さらに，クライエントが TFT の力が援助になることをあまり信頼していないにもかかわらず，TFT が効果的だったことの例でもあります。

●ルイの TFT レシピ

トラウマ／不安

眉頭，目の下，脇の下，鎖骨下

9g

眉頭，目の下，脇の下，鎖骨下

トラウマ／罪悪感

眉頭，鎖骨下，人差し指，鎖骨下

9g

眉頭，鎖骨下，人差し指，鎖骨下

怒り

小指，鎖骨下

9g

小指，鎖骨下

まだ話せないときに起きた虐待による トラウマの治療

　ロッティの母親ドリーンは，半狂乱でした。彼女は，選択肢から逃げ出し，彼女の保険プランが補償する範囲のすべてのセラピストに疲れ切っていました。そこで，彼女は遠方に出向いて，もう1人のセラピストを試そうと思っていました。ロッティは9歳で，彼女の弟（赤ちゃん）に性的ないたずらをしていたことで家から引き離されようとしていました。ドリーンは取り乱していました。彼女は，自分の息子を守りたかったし，守る必要がありましたが，自分の娘が里親に出されることを考えたくはなかったのです。時間がありませんでした。

　ロッティ，彼女の母親，そして，養父は初めの予約に訪れ，予約にはすべて一緒でした。彼らは，ロッティが学校でうまくできていないこと，クラスでいつも問題を起こしていることを説明してくれました。彼女の担任は，良い行いに星マークを与えるルールを作っていましたが，ロッティはまだ1つももらえていませんでした。

　ロッティは3歳の時に実父から性的虐待を受けており，当時，彼女が3歳以下だったので父親は刑務所に入りました。ロッティは虐待のことを覚えていませんでしたが，何が起きたか一般的なことは伝えられていました。ロッティは自分が弟に性的いたずらをしていることを恥じていました

が，強迫的な自分の行為を止めることができなかったようでした。

　私は，彼女の元々のトラウマに取り組むため TFT を使いたかったのですが，セッションの間に彼女が体験する感情から始めていくことにしました。ロッティは，自分が赤ちゃんの弟に性的虐待をしたことや自分の表出行動をコントロールできなかったという事実に，明らかに恥を感じ，罪悪感を持っていました。

　ロッティは私の相談室をうろうろ動きまわるので，彼女の注意を持続させて掴まえておけるよう，アルゴリズムではなく診断を使うことに決めました。私は，ロッティに彼女がしていたことをどのくらい悪いと感じているかに焦点を当てさせることから始めました。彼女の筋は弱く，治療に移るとすぐに，筋は強くなりました（訳注：診断レベルは筋反射でテストします）。それから，実父が刑務所に入る前，ずっと以前に彼女に起きたと他の人から聞いたことに焦点を当てるように伝えました。再び彼女の筋は弱くなり，診断を行うとすぐに筋は強くなりました。何が起きたかは定かではありませんでしたが，様子を見てみるしかありませんでした。

　彼女の家族が翌週に再訪し，ロッティが学校で星マークを初めて取ったと報告してくれました。実は彼女は，治療後，毎日星を取っていたのでした。彼女の担任は，祖母（家族と同居）に，「今みなさんで行っていることは何でもそのまま続けてください」と言いました。より重要なのは，彼女が赤ちゃんの弟に適切な行動をとるようになったことです。

　ロッティは，順調に学校でよくなっており，弟への行動も問題ではなくなっていました。次のセッションでは，彼女の養父に対する不適切さを取り上げました。ロッティの養父ハウィーは，彼女が膝の上に乗って強迫的に彼にまとわりつきキスをするため，彼女と距離を置いていました。私はロッティを養父の横に立たせると，彼女の筋は再び弱くなり，筋が強くなるまで診断を行いました。そして，彼女を養父の膝に座らせて，同じ手順を繰り返しました。最後には，彼ら共々，床に横たわってもらい，同じプ

ロセスを繰り返しました。

　だんだんと間隔を空けながらフォローアップを行いましたが，良い結果が持続していました。ロッティは学校で，いつも星マークをもらい，彼女の幼い弟にも養父にも適切さを保ち続けました。

　ロッティの事例は，TFT原因診断で，たとえもともとの問題が言葉を話せる年齢以前に起きたときでもどのように援助できるかを示しています。

幼少期の性的虐待による怒りを置き換える

　ニコラスの母親リディアは保険に加入しておらず，セラピーの費用もあまり持っていませんでした。しかしながら，彼女の末っ子ニコラスの援助を必要としており，ニコラスは兄に対して卑劣でした。ニコラスは，兄より3歳年下にもかかわらず，何年もの間殴りつけ，兄は怯えていました。リディアは，なぜこんなことが起きているのかについて，もっともな理由を持っていました。ニコラスは，父親から性的な虐待を受けており，身体的な外傷に至るほどでした。兄の風貌は父親とそっくりだったのです。彼女の説明は適切に感じ，私は，保証はできないけれど，数回のセッションでこの問題に対処できるかもしれないと伝えました。

　私たちが会い，リディアが同席しているところで，ニコラスに兄に対する怒りに焦点を当てるように言いました。彼は，問題なくそれができて，過去のトラウマ／不安／怒り／罪悪感（念のため）アルゴリズムを行いました。ニコラスは兄に対して怒りを感じなくなったところ，彼に，父親が自分にしたことへの怒りを感じるか聞いてみました。彼は驚いて，怒りは何もないと報告しました。私たちは，リディアの費用を節約し，ニコラスの治療効果のテスト，少なくとも，少しの間の確認のために，2週間後に会う約束をしました。予約日に近づいたところで，リディアは電話で予約をキャンセルしてきました。状況が正常になったため，彼女はまた必要な

時に電話をかけてくることになりました。

　この事例研究は，怒りが置き換えられた例でTFTがどのように援助に使えるか，また，置き換えられた怒り（兄への怒り）を治療することで，根源の怒り（父親への怒り）もまた治療されることを示しています。

● ニコラスのTFTレシピ
　トラウマ／不安／怒り／罪悪感
　　眉頭，目の下，腋の下，鎖骨下，小指，鎖骨下，人差し指，鎖骨下
　　9g
　　眉頭，目の下，腋の下，鎖骨下，小指，鎖骨下，人差し指，鎖骨下

TFTアルゴリズムを使ってトラウマと抑うつを治療する
記憶が溢れ出てくるのに変化し続けるとき

　アルゴリズムだけを使用する際には特に，クライエントには1度に1つの記憶に焦点を当ててもらうのが常に最善ですが，ウィルソンのような稀な事例にはそれができません。ウィルソンは20代半ばで，6歳になる息子の唯一の保護者でした。私に出会う2年前，彼はまったく面識のない人物にバーで悪質な暴行を受け，ひどい傷を負いました。ウィルソンはほとんど死にかけ，犯人は刑務所に入り，彼は大きな手術を受けて見かけは正常になりましたが，本人はそう感じていませんでした。彼は破壊されたと感じており，加害者に文字通り人生を奪われたようでした。暴行を受けた後，彼は深い抑うつへと落ちていったのです。

　ウィルソンにとって最大の損失は，暴行に耐えて怪我をした結果，味も匂いも感じられなくなったことでした。ウィルソンは食料の買い物を嫌いました。食べることが退屈になり，スーパーは自分の損失を思い出させる

からでした。意を決して食料品売り場に行くたびに，彼はパニック発作を体験していました。彼は，自分が煙の臭いを感知できないために，家が破壊されて，息子を火事でなくすのではないかとも心配しており，煙報知器を取りつけましたが，家中すべての電化製品のコンセントを抜くことについて異常に気を配っていました。ウィルソンは自分の人生には楽しみなど何もない，幼い息子がいることだけで自殺を留まっていると語りました。

ウィルソンは数回治療を受けましたが，何も援助にはならず，彼の弁護士からの要請で私の元を訪れましたが，自分の被害によって起こり得る心理的被害に関する専門家の意見を聞くためだけのつもりでした。

今のウィルソンにとって，以前の健康を取り戻すための援助になることが何かあると信頼することはできませんでしたが，少し話をすると，彼は新しいことを試すことに同意してくれました。2回目のセッションで，私たちはTFTを試しましたが，ウィルソンは効果があるとは感じていませんでした。彼は，「タッピングはただ，記憶がわき上がってくるだけだ」と答え，私は彼が，短時間でも，トラウマの一局面でさえ焦点を当てられないことに気がつきました。

ウィルソンが3回目のセッションに訪れ，その最後の面接であらわれてきた出来事すべての記憶のことを話し始めると，涙が出てきました。私は彼に，その記憶とそれに伴って今体験している感情に焦点を当てて，その時に関連していそうなポイントを選んでタッピングしてもらいました。最初のアルゴリズムの後，SUDを聞く代わりに（ウィルソンはまだ泣いていました），彼に逆転の修正をしてもらい，彼が手の平の横をタッピングしている間に，「今はどう？」と聞くと，彼は「今は，あいつが僕のところに立ちはだかって頭を床に打ちつけている」というようなことを言いました。「それであなたは，彼が立ちはだかって，床に頭を打ちつけられていて，どう感じていますか？」と尋ねると，「怖い，怒り，すごい怒り」とウィルソンが答え，再び，彼が感じていることを含んでいそうなポイン

トをタッピングしました。私たちは同じ手順を1時間行い，「今はどう？」「今こうしていてどう感じていますか？」と聞きながらアルゴリズムを行いました。ウィルソンが心理的逆転の修正を行っている間や，新しいアルゴリズムの手順に続けて，その質問をしていきました。時折記憶が循環し，同じ記憶に再度たどり着くこともあり，同じ記憶に同じ感情，または，異なった感情が伴っていたりしました。時間の最後には彼は疲れて，しかし，よりリラックスできており，動揺が軽減されていましたが，SUDレベルはまだ10のままだと表現しました。

　翌週，彼は電話をしてきて，インフルエンザにかかったため予約をキャンセルしたいと伝えてきました。確かに私たちの地域でインフルエンザが流行っていましたが，私は彼が治療の新しい試みを諦めたのだと思っていました。しかし彼は再び電話で予約を取ってきました。

　ウィルソンは，足を踏み入れて，ソファに腰掛けると，「ありがとう」と言ったのです。「あなたは，僕の人生を取り戻してくれた。それができるとは思わなかった。先週はインフルエンザで具合が悪かったけど，ベッドに横になっていても，自分の人生の中でこんなに幸せを感じられたことはなかった。もううつは感じない。兄と一緒に釣りに行く約束をして，不安もなく食料品を買い物できるようになった。誰でもいろいろなことに対処していかなくてはいけないと感じていて，それは僕の場合，味わうことと嗅ぐことだと思う」

　ウィルソンの事例は，クライエントの問題の一局面に焦点を当て続けることが困難な場合でも，アルゴリズムが使えることを示しています。そして，彼の物語は，治療の反応が時折（とても稀に）遅れることがあることも示しています。実際に反応が遅れることもたまにありますが，反応が遅れるように見えるのは，クライエントに変化が本当に起きたという認知の変化がまだ起きていないためと考えています。

註

[1] Joseph J. E. LeDoux, "Emotional Memory and the Brain," Scientific American, 1994, 270, 50-57.
[2] Joseph J. E. LeDoux, L. Romanski & A. Xaoraris, "Indelibility of subcortical emotional memories," Journal of Cognitive Neuroscience, 1989, 1, 238-243.

第9章
TFTを行動療法と併用する

Chapter 9 ▶ Using TFT and Behavioral Therapy

エネルギーの概念なしで人間を扱うことは，無機物を扱うようなものである

セントジョルジ，ノーベル賞受賞講演　ハンガリー（1893-1986）
Szent-Gyorgyi, M.D.

　何年もの間，TFTの開発者であるロジャー・キャラハン博士は，不安と恐怖症の治療を専門としていました。1980年に，キャラハン博士は，現在ではTFTとして知られている手法で，不安と恐怖症の治療を始め，すぐに他の心理学的な問題を治療するためにも，これらのテクニックを用いることができると気づきました。しかし，典型的な臨床場面では，たぶん，他のどのアルゴリズムよりも，不安（anxiety）／恐怖（fear）／恐怖症（phobia）のアルゴリズムが使われるでしょう。恐らく，あなたが頻繁に取り組む問題のほとんどは悲嘆です。

　これらのTFT治療を使うことは，しばしば非常に直接的であり，複雑ではない筈ですし，ほとんどの事例で，不安または他の心理的な問題は，すぐに特定されて，クライエントは情動に脅かされることがほとんどなくなり，その治療は円滑に進みます。そのような事例を数千例報告できますが，「よけいな世話を焼くこと」になるだけでしょう。本書の読者は，すでにTFTが非常に効果的であることを知っているので，新しく学ぶことはないかもしれません。恐らく，より難しい事例にそれを使うためのアイ

デアにもっと興味を持っていることでしょう。

　ここで取り上げる事例が選ばれ，詳しく説明される理由は次の通りです。それは，不安や恐怖症，悲嘆と関連した問題を治療する際に，TFTを簡単に使用できることを説明するためではなく，その問題に遺伝学上の制限が予想され，答えが単純でも明確でもなく，治療が多少複雑で厳しい時に，どのようにTFTを使用し，いかに行動療法と組み合わせるのかを説明するためです。

　この事例では，TFTと行動療法の使用に加えて，珍しい「ゴーグル・セラピー（goggle therapy）」とエリクソニアン・セラピー（Ericksonian therapy）の適用もポイントです。エリクソニアン・セラピーは，本当に最後の所でのほんの少しの適用ですが，たぶん役立ちます。

問題の同定

　ダレルが相談室に入った時，彼は途方に暮れて混乱しているようでした。彼の話によれば，結婚生活は危機状況にあり，妻のジョアンとの関係を維持することに自信がないとのことでした。ダレルとジョアンは，結婚して33年になり3人の子どもがいます。その年月を通して，ジョアンは，徐々にダレルに対して不満を抱くようになり，この時点で彼女は，生活のほとんどで不幸を感じているようでした。ジョアンが不幸なのは，彼らの関係性において，ダレルがそこにちゃんと存在して，繋がっているという力が不十分だからだと，ジョアンもダレルも確信していました。

　ジョアンは，ダレルに2つのことを要求していました。それは，ダレルが「自分の感情にもっと素直になること」と，彼女に「より協力的になる」ということでした。たとえ彼がこれらの要求を達成したとしても，彼女が再びダレルを愛せるかどうかはわからないことは明らかでした。彼女は自分がたくさん傷ついてきたとダレルに告げました。ジョアンは，見捨

てられ1人ぼっちであるというような感情的苦痛を乗り越えられると思えなかったのです。

　トラック運転手であるダレルは，家族のために良い暮らしを常に提供してきたので，ジョアンは働きに出る必要はありませんでしたが，人づき合いに忙しく，教会で奉仕活動をしたり，別の方法で社会貢献をしていました。ダレルはできるだけ家事の手伝いをし，家の外回りと庭の手入れをしたり，2台の車を整備したりしていました。子どもたちが家に住んでいた時には，彼は十分に一緒の時間を過ごしました。

　私はダレルに，彼の妻を満足させるのがなかなか難しいのではないかと問いかけると，彼はこれを本当だとしぶしぶ認め，しかし，妻がカップル・セラピーに出席することをしぶっているとも言いました。その時，ジョアン自身は，個別のセラピー・グループに参加していたのです。彼女はダレルに自分の希望を伝えることに疲れたと告げました。彼女は自分のニーズは，すべて明らかにしたのです。そして，ダレルに彼自身の問題に取り組んでもらいたかったのでした。

　彼は一生懸命に知恵を絞り，自分が変えられるのは自分自身だけだと気づき，人間関係や世の中のつき合い方を知るためにセラピーを受けに来たのです。彼は，まさにそのような問題を抱えているようでした。数年間自分で苦闘した後に，ダレルは，今何かしらの絶望を感じていると同時に，現状から必死の気持ちもあり，セラピーを含めて何でも意欲的に試したいと思っていました。

　私はダレルに，彼自身について何を変えたいのかを説明するように求めました。ダレルが変えたいこととジョアンが彼に変わってほしいことを区別して援助したかったのです。私は彼に，「もし，2人の関係を救う可能性がまったくないとしたら，あなたは自分にどんな変化を望むでしょうか？」と尋ねました。

　すると彼は，自分自身の中で妻がとても煩わしく感じる部分を本気で変

えたいと答えました。彼も，自分の行動を我慢しているのでした。もしセラピーが成功すれば，彼は人生にもっと情熱を感じ，自分の感情に繋がる感覚を得られるでしょう。そして，現在自分に起きていることをもっと自覚でき，自分ともっとも近い人ともっとつながって支えになれるでしょう。より具体的な説明を求めると，自分の目標に向かって進歩を示すような具体的な行動を一覧にしてくれました。ダレルは，他人への個人的な興味をより示し，特に，ジョアンへの興味を示すようになると言いました。彼女に今日はどうだったのかを聞くことを忘れない，ジョアンへの興味を示し，彼女が目下関心を寄せていたり，関わっている状況のことを尋ねることを忘れず，彼女をサポートすることを強調することなどです。

　状況に気づき，その話に触れることで，ジョアンや生活とつながっていることを示すようにして，「新しいセーターを着ているね。とても似合うよ」「素敵な夕食だね，特にこのブロッコリーの味つけがいいね。レモンソースかな？」といったことを言うようにする。家の中庭で，「私はこんなふうに日光を感じるのが大好きだ。私は満たされ幸福な気分になる」と自分に語りかけるようにする。

　比較的内省的でおそらく左脳優位であるナイスガイにとっては，この一覧のすべての事項が無理難題であることを，過去が証明していました。ダレルは，とても内省的な家族で，左脳優位であるという環境で育ち，その家族の中では，左脳優位化と内省的な傾向がよく機能していましたが，お互いに愛し世話を焼くような人との接触が少ない家族でした。ダレルは愛着や怒りの表出を思い出すことができませんでしたが，彼が愛されていることや両親がお互い愛し合っていることはいつもわかっており，何かがうまくいかないときには，それは静かに，事実に即して議論されました。彼は，他者の感情にも自分自身の感情にも気づくための能力が乏しく，モデルがありませんでした。

　私たちは，ダレルとジョアンがお互いに魅かれ合ったことにはそんなに

驚きませんでした。彼らは，正反対のスピリットで魅了され，それぞれ最初は，ユング派の感覚で，彼ら自身の影の側面を無意識に行動に移す人に魅きつけられたのです。ダレルは，ジョアンのとても自由で，率直に喜怒哀楽を表現し，自分の感情にとても「素直」な力に魅かれました。このような能力は，彼の家族の中で成長する際に一度も学んだことがなかったことであり，恐らく遺伝的に制限されているわけではなかったと思います。

　私はジョアンが頻繁に自分の感情をコントロールできない人であることを後で知ったのですが，彼女は，おそらく，初めはダレルの感情の安定度（後で感情の欠如と解釈されるのですが）に魅了されました。ダレルは，以前に自分自身のために設定した単純な行動目標を遂行することを思い出すだけの能力をほとんど持っていないことを説明してくれました。彼は，毎日の生活に忙殺されて，ジョアンに重要であったことを尋ねたり，何か変わったことに気づいたりすることを思い出すことなく1日を終えてしまったようでした。私達は，次のような方針を立て最初のセッションを終了しました。すなわち，ダレルがメモ用紙を購入し，ジョアンに尋ねたいことを箇条書きすること。そして，これらの質問は，ジョアンの生活で起こっていることに関係するようにすることです。

　しかし，この行動的介入はうまくいきませんでした。2度目に私たちが会った時には，ダレルはアイデアをメモすることを覚えておらず，もしそれが事実ならば，ジョアンはより一層不満に思ったことでしょう。彼女は，彼が一層自分から離れ，本当に分かっていないことを非難し，彼は，より一層落胆していました。ダレルは，ジョアンが彼にまったく違う人に変わってほしいと望んでいることを感じ，自分が変わることができないことを一層確信しました。とりあえず私は，ダレルが受動攻撃的になる一手段として忘れてしまうのかもしないという仮説を取り下げ，彼の問題はより強固なものだと確信しました。

　行動的介入（ダレルはジョアンに尋ねることについてのアイデアをメモ

することを覚えていませんでした）で何が問題であったかを明確にした後で，私達はダレルにメモ用紙を彼のトラックに取りつけてあるクリップボードに置くというアイデアを提案しました。彼は仕事中に時間を記録する必要があり，これらの合間に停車してジョアンのために重要であると思われることを考えることもできました。

彼はその時にこの重要なことについての質問か意見を作るでしょうし，自然な方法で質問および意見をすることでしょう。思い出させるものとしてクリップボードを用いることで，このホームワークが成功しやすくなりました。

TFTの導入

ダレルにTFTを導入するために，そして，このセッションの間だけでも彼がいくらかの成功を感じる機会を作るために，私は彼に，この問題とは関係のない不安で，人生から取り除きたいものがあるかどうか尋ねました。

ちょっと考えた後に，彼はいつもお金の不安を抱えていたことを打ち明けました。ダレルは不自由はしないほどの収入を稼いで，彼の家族は一度も困らなかったけれども，ダレルは収入が十分でないと常に心配していました。

ダレルは，お金やお金が十分でないという不安を感じましたが，単純な不安のアルゴリズムを使って，SUDはすぐに4から1に落ち着きました。彼は，相談室から出る時には，いくらかの成功を感じられ，お金について悩んだかどうかを次週に伝えてくれることに同意しました。また，自分の運行業務記録と一緒にメモ用紙をクリップボードに置くことにも同意してくれました。これは，ジョアンとより親密にコミュニケーションをとったり，彼女への支援を示したりすることを身につけるために，質問または意

見の内容をメモする合図として役立つと思われました。

TFTを用いた対人関係力動への対応

　ダレルが3回目のセッションに来た時には，意気揚々とはしていませんでした。彼は，お金を稼ぐことや十分な蓄えがないということへの不安は体験しなかったと報告しましたが，今週はお金のことについてストレスを感じるいかなる理由もなかったからだと言って，表現を少し弱めました。私たちは，お金についての不安（かつての不安？）やお金を十分に持っていないことへの恐怖について，事態がまったく同じか，多少良くなったか，あるいは改善したかどうかに注目し続けていくことに同意しました。

　ダレルは，財政上の心配についていくつかの成功を経験したかもしれないにもかかわらず不幸なままでした。彼は，お金の恐怖を克服するためのセラピーを探していたわけではなかったのです。そして，皮肉混じりに「私はより自発的で外向的になりたい。そして，それを一晩の内に実現したい！」と言うくらいに，不幸を感じていたのです。私は，ダレルに対して，彼を内省的にさせ左脳優位にするかもしれないような遺伝的傾向が発現しているようだと指摘しました。私は，この情報が彼の自分自身への厳しさを和らげる助けとなることを願い，また，これが事実であると考えていました。

　もし，単に不安が彼の人づき合いを妨害している例ならば，（そういった例の方が多い），おそらく問題の治療がより容易だったことでしょう。しかしながら，私は，わずかな労力でトレーニングと反復によって右脳との接続を発達あるいは活性化させることができるように，ダレルを援助しました。

　実際に，今度こそはダレルは宿題をする工面をして，ジョアンへの興味を示すような質問を考え出しており，日常的にこの宿題をしていました。

メモ用紙をクリップボードに固定することは，合図として役立ちましたが，ダレルは，ジョアンがそれに気づいたかどうかはわかりませんでした。もし彼女が気づいたとしても，彼女はそれについて話題にしなかったはずです。この新しい行動をジョアンが気づいて強化したかどうかにかかわらず，ダレルはそれに取り組み続けることに同意しました。結局，これは，ダレルが自分自身に望んでいた行動変容で，彼自身は，他の人ともっと繋がっていることや自分の感情にもっと素直になることを感じたいと望んでいました。

　彼は，また，ジョアンの生活に関連した質問をしていたことに彼女が気づいていたかどうかを尋ねてみることに同意しました。彼は，こんな風に言うでしょう。「私は，君と前よりもつながっているのを感じているし，もっとサポートをしたいと思っている。君の生活上の出来事に関連するような質問をしている自分に気づけたよ。それは良い気分だ。君にとってはどうかな？」

　多分，それは，ジョアンが望んだものを得なかったときに気づくだけで，望んだものを得たときには気づかないのだと私はコメントしました。あるいは，私の推測では，多分彼女は彼の最初の行動変化に戸惑い過ぎて喜べず，彼女は，希望を引き上げておいて，もう一度がっかりさせられたくなかったのかもしれないのです。

　私は，お互いの関係に興味を示したり，より親密につながる一手段として，これらの努力に見込みがあるかどうかジョアンに尋ねてみるように提案しました。

　それは簡単な計画のように聞こえましたが，ダレルは，そのような話題を持ち出すことはとても怖いと言いました。彼が初めて自発的に申し出てきたことによれば，私が以前から疑っていたように，ジョアンはいつでも話しかけやすいわけではなかったのです。そして，ダレルが万難を排してジョアンと衝突することを避けていることも明らかになりました。

ダレルの説明によれば，ジョアンは「癇癪持ち」で，もし彼女にも問題の原因があることを少しでも彼がほのめかそうものならば，一層怒るであろうと心配しているとのことでした。初めのころの2人の関係ならば，この会話を彼女が喜んだかもしれないと，彼は説明しました。しかし，現在は，この提案が危険すぎると思われるほど，ジョアンの痛みと怒りが酷い状態でした。私は，彼がしていたこと（彼の妻との衝突を回避する行為）は効果がないため，しないようにと提案しました。ほとんどの人々と同様に，彼は自分がしていたことがうまくいかないと，それをもっとやりたくなっていたのです。

　長年にわたり，ダレルは以前よりも増して受身的で寡黙になっていました。彼は，今，間違ったことを言ったり行ったりすることを恐れながら暮らしており，ジョアンの怒りで，現在の彼は，ほとんどすべての判断を止めて決定は彼女次第というほど，怖じ気づいてしまいました。彼が判断を下したならば衝突になり，彼が口を出さなくても衝突を体験することになるのです。彼がしてもしなくても，彼は非難されると感じるのです。したがって，彼は今まで以上に距離を置くことになり，そして，おそらくその結果として，ジョアンは，距離を置かれたことでなおさら傷ついた気持ちになるのです。

　ダレルは，何か違うことをする必要がありました。彼は，自分がしていたことがうまくいっていないことには同意してくれました。ジョアンの怒りの引き金になるかもしれない話題を持ち出しても，彼が失うものは何もなく，恐らく得るものもないでしょう。少なくとも，彼らはより親密なレベルでつながり，ダレルは自分たちの関係性に興味を示していることになるのです。私はダレルに，ジョアンと話したいことや，彼女の怒りを引き起こすことを恐れて話すことを避けてしまったことがあるかどうか尋ねると，友人の前で彼の面目をつぶさないように彼女に頼みたいと答えました。それは彼女が日常的にしていたことでした。

これは妥当な要求であり，私は，この要求をジョアンに申し入れるのに何が妨害となるのかとダレルに尋ねると，彼は衝突することが嫌で，この場合，彼女が怒り，彼を拒絶する可能性が高いことが嫌だと答えました。私は，ジョアンがすでにダレルを拒絶していることを指摘しました。

　彼がジョアンにこの要求をするかどうかが，彼の最高の関心事であり，彼らの結婚生活での最高の関心事でもあることに彼は同意しました。そして，もし彼が怒りに怯え，拒否を恐れて衝突を回避することがなければ，自分の目的を達成するためにもっとうまく対処できるだろうとも同意しました。うまくいく夫婦は，自分自身であろうとするニーズと親密であろうとするニーズとのバランスをうまくとることができるのですが，ダレルは，親密で居続けることに夢中になり，またそれがうまくいかず，自分自身を見失ってしまったのでした。ダレルは，衝突についての自分の不安を減らす目的で，セッションの終了前にいくつかのタッピングをすることに同意しました。

　友人の前で彼を非難することをやめるようにジョアンに頼んでいる思考に集中したので，彼のSUDレベルは「4または5」（ダレルにとっては高いレベル）でしたが，私達が不安のアルゴリズムを終了したときには，彼は緊張感の「ほんの微妙な跡だけ」と報告しました。彼は，次のセッションの前にジョアンとこの問題について話題にすることに同意しました。不安のアルゴリズムを彼に身につけてもらうために，私は彼にコピーを渡しました。そうすれば，もし不安な感情が戻ったり，あるいは，新しい不安が出てきても，彼はジョアンとネガティブなことを話題にすることについての不安を処理できるでしょう。そしてもちろん，ダレルはジョアンへの思いやりを伝えたりサポートしたりするアイデアを書き留めることを忘れないよう，クリップボードを使用し続けるでしょう。

ターニング・ポイント

　ダレルのセラピーでは，4回目のセッションがターニング・ポイントになりました。彼は，ジョアンに友人たちの前で彼のことを否定的に話さないでほしいという要望を伝えることができたと報告しました。ダレルが予測していたように，ジョアンは初めに怒り出しました。しかし，ジョアンの最初の反応にもかかわらず，彼は，問題を持ち出すこととその結果として生じる悪い雰囲気の中でも，不安がほんのわずかになっていることに気がつきちょっと驚きました。後で，ジョアンは怒りの爆発を謝罪したけれども，友人たちの前で「真実を話しただけ」と主張し続けました。しかし，ジョアンの行動は実際に変化し，もうジョアンが彼の欠点を知人に暴露していないという報告がダレルからありました。この変容は，伝えられるところによれば，私がダレルとの面談期間中継続していました。

　ダレルは，ジョアンの怒りと動揺のエピソードを切り抜けられることを学び，もはや，彼女の怒りに怖じ気づくことはなくなり，そして，彼女にもっと気遣いやサポートの気持ちを言葉で伝えることを忘れませんでした。これらの変容にもかかわらず，ダレルに対するジョアンの態度は変わらず，彼は，残念ながら，自分の感情に繋がっていることをもはや感じていませんでした。彼は，生活の「高低」をもっと体験したいのでした。それどころか，情緒的に平坦であると感じました。

　私たちの最初の聞き取りで，この感情の欠如は恐らく抑うつやディスチミア（気分変調症）からきているものではないと判断していました。そして，この問題は，ダレルまたは私のいずれかが対処できるような不安とも繋がっていないようでした。ダレルは愛情行為を非常に望んでおり，親密になることには何の恐怖も持っていないようでした。衝突への恐怖に取り組むことは，一方で愛情行為への発展的段階であるものの，ダレルの感受

性の欠如に取り組むことではありませんでした。

　私たちはダレルの感情の欠如について話しながら，ある発想でちょっとした実験をしてみることを思いつきました。それは，彼の左脳が実際優位に働いているという仮説を立証するために，いくつかの根拠を見つけてみようというものでした。私達は何度かの「ゴーグル・セラピー（goggle therapy）」を行いました。ダレルには，私が安価なプラスチック製の保護めがねから組み立てた特別なゴーグルを着けるように指示しました。このゴーグルは，右側面を除いてダクト・テープですべて覆われており [1]，ダレルがこの保護めがねを通して見た時には，事実上彼の左脳が分離されました。ゴーグルを通して見ている最中に，ダレルは頭の中で想像することや感じることを試みたけれども，まったく想像できず，まったく感情がわきませんでした。

　続いて，ダレルに2つ目のゴーグルにさっと着け換えてもらいました。このゴーグルは，左側面を除いてダクト・テープですべて覆われていること以外は，1つ目と同様に作られていました。このゴーグルを着用することで，ダレルは主として右脳を通して世界を経験していました。ダレルはこのデモンストレーションに本当に驚きました。このゴーグルを着けている間，彼は本当に鮮明に想像したりいくつかの感情を経験したりすることができ，右脳のつながりを強化できるという希望に満たされました。

　この「ゴーグル・セラピー」を単独の治療としていない場合にも，私は，要点を説明するために頻繁にこのゴーグルを利用します。人々は，人生のいくつかの問題について「2つの精神」を持っている場合には，左脳を分離する時と右脳を分離する時とでは，その問題についてまったく違うものを感じることがよくあります。理屈よりも実際にこれを体験した後で，通常，クライエントはジレンマを解決する能力についてより希望を抱きます。一方の経路で「考え」，別の経路で「感じる」ということの理由を理解するのです。時々，私は，タッピングするのと同じように，クライエン

トが問題と感情的にやりとりするための方法としてゴーグルを着用したまま問題を（TFTにより）治療しました。

　保険契約の制約のために，ダレルの時間が制限されるようなので，私は，ダレルに試みてもらう提案とアイデアをいくつか挙げました。この目的は，左右の脳のつながりを発達させることによって，彼がもっと感情に素直になることを支援することでした。これらの提案には，スティーブン・ロッホリツ Steven Rochlitz [2] の脳統合エクササイズ（brain integretion exercise）を行うこと，可能なら CD を活用するソモナス・サウンド・セラピー（Somonas Sound Therapy）[3] などの音楽療法を行うこと，そして他者や自分自身の感情ともっとやりとりする努力を続けることが含まれていました。

いくつかの進歩

　5 回目のセッションの最初に，ダレルは自分が進歩した気がすると報告してくれました。メモ用紙が合図してくれるおかげで，彼は，忘れずにジョアンの生活についての関心を表現しました。彼は，時折，ジョアンの怒りを引き起こすような話題を持ち出すこともありましたが，彼らが話し合う必要がある話題に気づいて言い出していました。そして，彼はもうお金の心配を体験していませんでしたが，悲嘆と不安の感情を除いて，まだ自分の感情と繋がっていないと感じていました。ダレルが感じた悲嘆および不安は，彼に対するジョアンの態度に変化が全然なかったという事実から生じていました。彼女はまだ彼に怒り続け，彼によると，日常的に怒りを表出させていました。ダレルは，彼女が怒りを乗り越えるという確信もなく，彼女が 2 人の関係を終結させるかもしれないという，絶えることのない脅威を感じていました。

　ダレルと私は，その時に彼が感じている悲嘆と不安が，彼の変容のため

に役立っていないことに同意しました。彼の悲しみと恐怖は，彼の努力，つまり彼がよりポジティブな感情に繋がっていくことを阻んでいるようでした。そして，私達は，3度目のTFTの適用に合意しました。

ダレルは，ジョアンとの関係の状態について感じている不安と悲嘆に焦点を合わせました。彼は妻を愛し，結婚の継続を心底願っていましたが，ジョアンを満足させるために十分な変容をする自信はなく，もう一度彼女に愛されるために，この時点で，自分にできることがあるとは思えませんでした。しかし，妻が二度と彼への愛情を感じなくなり，離婚するかもしれないという悲しみと不安の感情には容易に触れられたのです。

悲嘆／不安のアルゴリズムを組み合わせて使うことによって，ダレルの不安定な立場についての悲しみと不安は見事に軽減されました。この5回目の訪問でダレルが相談室を後にした時には，彼はまだジョアンとの状態に焦点を合わせており心配していましたが，彼が初めに相談に来たときの悲嘆と不安のどうしようもない感情に囚われてはおらず，自分の人生において必要であり実現したいようなポジティブな変化に向けて心血を注ごうとしていました。

ダレルは，難しいことでも難しくないことでも，ジョアンと話す努力を続け，彼女の生活で起きていることや，彼女への適切なサポートをもっと知ろうとメモ用紙を役立てて使い続けました。そして，私達は新しいホームワークの指示を1つ追加しました。セッション中に，ダレルが自分の周りにいかに気づいていないか触れたのです。

恐らく，彼がもっと気づくようになれたならば，いくらかの感情を経験しはじめることができたでしょう。たとえば，彼がトラックを運転しながら通り過ぎる道端に咲く野の花のような，彼の周りにある美しいものを楽しんだり，あるいは，裏庭で鳥が遊んでいるのを見るという楽しみを発見することができるかもしれません。私は，小さいお守りを購入して，日常的に手で触れられるポケットような所に身につけておくことを提案しまし

た。彼がお守りに触れた時には，立ち止まり，瞬間をとらえ，今を体験する喜びに触れることを思い出す役目を果たしてくれるでしょう。過去そして未来について何も考えず，今を体験するだけです。

進展の要約

　6回目と最後のセッションでは，私たちの進歩を振り返るとともに，ダレルが繋がっているのをもっと感じるのに役立ちそうなエクササイズのために，積み重ねたアイデアを要約しました。

　私たちは，ダレルがジョアンへのサポートを表現し，彼女と繋がっているという点で，良くできていることに合意しました。彼には，これらのことを忘れないために，メモ用紙の助けがまだ必要であったけれども，私は，これが最終的にはより自発的になるだろうという希望を話しました。エリクソニアンの流儀で，私は次のように言いました。「時間が経つにつれて，メモ用紙の助けがなくても，自然にそして自発的にこれらのことをしている自分に気づいていくかもしれません。あるいは，ここでのセッションでやり始めた良い取り組みを続けることを忘れないために，時々メモ用紙を使っている自分に気づくかもしれません……」

　私たちは，ジョアンがカップル療法をすることに興味がなくなってからは，彼の問題の部分に取り組むことにようやく専念することができたと合意しました。TFTのおかげで，ダレルは，もう，ジョアンの怒りを引き起こす可能性がある話題を持ち出すことを恐れませんでした。この新しい原動力は，より親密な関係を発展させるための可能性を持っていました。そして，TFTのおかげで，ダレルはもうお金のことで不安を感じておらず，最終的に，TFTによって，彼女が結婚生活を続けたくないという可能性についての悲嘆および恐怖をコントロールできるようになりました。

　ダレルはお守り（小さなポケットナイフ）を購入して，自分のまわりを

もっと意識することを思い出すために使い始めると，私は心の中で早めに準備しておいた，二番目の短いエリクソニアンの介入を次のように伝えて行いました。

「そして，お守りを使うほど，あなたは自分の周りにもっともっと繋がっていることがわかり，同時に，ますます生活にもっともっと繋がっている自分自身に気づくかもしれません。生活とますます繋がることが，非常に短い時間かもっと長い時間かにかかわらず，あなたが自分の感情と繋がるのに役に立つかは分かりません。しかし，どちらにしても，あなたが，自分の周りにもっと繋がる感情を育むことに多くの役立つことをしていることを知って，自分に優しくなっていることに驚いていると恐らく気づくでしょう」

ダレルは，スケジュールにロッホリツ脳統合エクササイズをまだ組み入れていなかったので，私は，この方法を知って右脳とより多くの連結を確立してもらうことを提案しました。彼に，このエクササイズが書いてあるロッホリツの本を買うように薦めました。このエクササイズでは，正中線で腕を交差させるということよりも，棘上筋（この筋は，東洋医学では脳の経絡につながっている筋肉である）に影響を及ぼしていることによって効果が出ているようである。このことをロッホリツが発見したことを彼に説明しました。すでに，右脳を活性化するために特別に制作されている音楽（ソモナス・サウンド・セラピーにより作られた CD）について言及しましたが，ダレルはこれらの音楽を聞くことをさらに考えるといいかもしれません。

私がこの事例研究を詳細に記載したのは，それが信じられないような話で終わっているからでも，どのように TFT がクライエントの生活を迅速にかつ劇的に変容できるかを説明するためでもありません。これらのうちのどちらも起こらなかったのです。むしろ，私は，（面接の）時間が制限されていて，遺伝や神経網に関係するような問題を扱っている時に，TFT

が各種の行動技法とどのように組み合わせられるかということの実証としてこの事例研究を記載しました。

● ダレルの TFT レシピ

不安：

目の下，腋の下，鎖骨下

9g

目の下，腋の下，鎖骨下

悲嘆／不安：

眉頭，目の下，腋の下，鎖骨下

9g

眉頭，目の下，腋の下，鎖骨下

私達の最後の事例研究は，学校でよく思われなかった幼い少女についてです。彼女の行動は未熟で，彼女は善悪について年相応の感覚が発達しているようには見えませんでした。以下に記した4回のセッションで，重要な行動介入がありましたが，この少女の母による驚くべき新発見の後に，TFTで劇的に窮地を脱したのです。

母親を通して幼い少女を助ける

タミーは，8歳の娘サブリナについて心配していました。サブリナは，担任の教師からは意地悪でまったく思いやりのない子どもだと思われており，同級生からはよく思われていませんでした。

サブリナの担任は，彼女にADD（注意欠陥障害）の検査を受けさせることをタミーに要請しましたが，私達の最初のセッションで，私はサブリ

ナの粗雑な行動の説明としてはADDを除外しました。タミーの報告では，サブリナはむさぼり読みをして，促されることなく宿題に取り組み，飽きることなく両親の長い旅行にも同行していました。彼女は，教科学習では優秀な評価をもらっていましたが，欲求不満を上手に処理できませんでした。彼女の母の話では，サブリナは家と学校の両方で自分の思い通りにならないときに癇癪を起こしていました。

　私は，サブリナがADDであるというより，ただの子どもで，甘やかされ過ぎて，「プレシャスチャイルド（過保護な子ども）」症候群で苦しんでいるものと推測しました。私は，サブリナが欲求不満に耐えることを学習することがどれほど重要であるのか，さらに，年相応に欲求不満に耐えることを学習することは，健全な人間関係が可能な成熟した大人になるために不可欠なスキルであることもタミーに強調しました。

　この領域での発達と成熟を子どもに促さないことは，子どもに社会的障害を負わせることになり，ほとんど意図されていなくても，児童虐待の一種になります。しばしば親は，子どもを欲求不満に直面させることや年相応の対処スキルを発達させることを回避することで自分自身の不安に対処しています。私は通常，リフレーム・テクニック（re-frame technique）を使うことによって，ポジティブな方法で親にこの問題の責任を取ってもらいます。この方法は，カルフォルニアのパロ・アルトにあるメンタル・リサーチ・インスティチュート Mental Research Institute（MRI）の授業で学びました。私は，甘すぎる，あるいは過保護か，またそのどちらでもある親に対して，「良すぎる親（too good a parent）」であると言っています。

　タミーには，いくつかの簡単なルールと対応の仕方について話し，夫とともに一貫して実施するように求め，対応の仕方は，十分に考え抜かれ実施可能で効果的なものでなくてはいけないことを強調しました。タミーは，規則と対応の仕方を試みることに同意しました。

　7カ月後，タミーはサブリナと一緒に相談室に来て，（サブリナには待

合室で待ってもらって）家でルールと対応の仕方がうまくいったことを報告してくれました。すなわち，サブリナはもはや家で思うようにならない時に癇癪を起こしておらず，しかし，学校ではルールと対応の仕方が実施されていたけれども，根本的な問題解決には至っていませんでした。サブリナの先生は，彼女が学校では相変わらず，妙に残酷（叩く，突き倒す，暴言をはく）であると報告しました。言うまでもなく，その行動でサブリナには学級の中に1人も友達ができませんでした。

　問題がいろいろある中で，タミーと私はサブリナの良心が発達しなかった可能性を検討しました。サブリナに適切な共感と自分の行為についての責任を持たせるための方法として，タミーには道徳的な物語を読み聞かせ道徳的な葛藤について会話することを提案しました。タミーの役割は，サブリナに倫理欠如を表現した物語を読んで聞かせることでした。サブリナには，登場人物が何をすべきと考えるのか，そしてその理由は何かを尋ねるようにしました。状況が自然に生じた時には，タミーはひょっとしたらこれらの機会を利用して，サブリナと自発的な議論を持つことができるかもしれません。宿題は，「良いこと」と「悪いこと」の説教的な考え方をサブリナに教えることではなく，良心を刺激してや共感と責任感の発達を促すことでした。サブリナが母と一緒にセラピールームに招かれている間（約20分）に，私は，彼女が母親を見て，頻繁に「かわいい」顔になっていること（明らかに，彼女が母親を見ているのかどうかが分かる），そして全体的には，幼稚な行動をしていることに気がつきました。

　私はタミーに対して，次回，相談室を訪問する際にはサブリナを家に置いてくるようにと提案しました。私達は話す必要があったのです。

　3回目のセッションのことでした。タミーは付き添いなしで長椅子に座りました。彼女は，サブリナの行動がすでに改善していると報告しました。タミーは，サブリナに何か些細なものを買ってあげた後でも「ありがとう」と言われることがあり，感謝の行為はサブリナにはすでに当然のことのは

ずです。

　タミーと彼女の夫は，ともにこの予期していなかった，いつもと違う行動に驚きました。サブリナは，ニュース報道で傷つけられた動物の物語を聞いて悲しみを表現することもありました。私たちはともに，物語についての道徳的な葛藤と反省と議論が恐らく有益であったと思いました。

　この同じセッションで，私はタミーの注意を私の以前の観察内容（サブリナの行動が8歳の子どもとしては幼いこと）に向けるようにして，この"かわい子ぶった行動"が級友に非常に迷惑がられているのではないかと話しました。タミーは，他の子どもたちが頻繁にサブリナを鬱陶しがっており，サブリナは注目を得るためにちょっかいを出すことを学んでいたことを認め，実のところサブリナを赤ん坊のように扱っていたと，意を決して認めました。なぜなら，彼女の唯一の子どもが成長し，家を離れることを考えると悲しくて辛くなったからでした。

　タミーは，彼女の子どもが成長することを考えただけで泣き始めました。私達は，この悲しみに対応するためにTFTを使うと，すぐに，タミーはエンプティ・ネスト（訳注：子どもが成長，独立して残された夫婦だけの世帯のこと）を思考しても，不快感のない自分に戸惑いました。タミーは4回目のセッションに訪れ，前回のセッションで言った通り，サブリナに年齢相応の振る舞いを促すようになっていました。驚いたことに，彼女は分別をもって，「サブリナは，成長しないことで私を助けてきました」さらに「今」と続けて，「私は，年齢相応に振る舞うようにサブリナに自由を与えています」とはっきりと言いました。

　タミーと会うことは，サブリナに会うことよりもサブリナのメンタルヘルスのためにより重要なことだとわかりました。タミーは，5回目のセッションをキャンセルしました。そのセッションでは，家と学校の両方でサブリナの行動がすでに劇的で注目できる変容をしたことを伝えるつもりでした。

上記のシナリオは，すでに私達のほとんどが知っていることを示しています。すなわち，子どもの問題はほとんど子どもについての問題ではありません。タミーに対応することで，タミーとサブリナの両者が健康的な個性化過程を開始することがより容易になりました。タミーがもはやサブリナに依存しないことで，サブリナは個性化する自由を得て，より年齢相応の行動に近づき，最終的には健全な関係を維持する能力のある個性化した大人になることが可能になりました。

註

[1] Fredric Schiffer, M.D.（1998）New York: The Free Press *Of two Minds: The revolutionary Science of Dual-Brain Psychology*

[2] Steven Rochlitz, Steven.（2000）Sedona, AZ *Allergies and Candida with Physicist's rapid solution*

[3] Sononas Sound Therapy（www.somonas.com）

第10章
FAQ
よくある質問

Chapter 10 ▶ FAQ-Frequently Asked Questions

　TFTのトレーニング中の資料を復習したい読者がいることがわかり，この章を追加しました。わかりやすいように質疑応答の形式で掲載します。

TFTはなぜ思考場療法（Thought Field Therapy）と呼ばれるのですか？

　長年，TFTはキャラハン・テクニックとして知られてきました。実際，ロジャー・キャラハン博士は頻繁にTFTをCTTFTまたはキャラハン・テクニックTFTと称します。それは，TFTを称する多くの派生法とは別に，彼が継続的に更新し，洗練し，有効と認めたものと区別するためです。

　科学において，場とは影響の不可視領域のことを示します。たとえば，アインシュタインは，重力がどのように時空を歪ませるかを証明しましたが，誰も実際の重力を見た者はいません。われわれは重力の影響を見るだけです。空間にある大きな物体はお互い予測できる関係性を維持し，巨大な物体は宇宙空間へ飛び去ることなく，地球の表面で固定されます。われわれは，これらの効果を重力の場によるものとしています。

　同じように，われわれは電磁場を見ることはできませんが，電気を帯びた磁石に引きつけられた金属の物体を見たときには，その存在を疑うことはありません。

私のTFTアルゴリズム・トレーニングでは，参加者に簡単な実験を行ってもらいます。ほんの少しの間，過去の悲しいことやトラウマ的なことに焦点を当ててもらうのですが，もし十分長くそのことに集中しているといくらか異なったふうに感じるかもしれないことを伝えておきます。鏡で自分の姿を見るだけで，違う感じを受けるかもしれません。会った友人には「どうしたの？　何か悩んでいるの？」と言われるかもしれません。これは，特定の思考場の影響を示しています。一方で，参加者がとても期待していることや過去の楽しい体験のことを考えてもらうようにも伝えます。再び，自分の感じ方がとても異なり，鏡で自分の姿を見れば，違っていることがわかるでしょう。友人たちは，「あなたは今世界中の頂点にいるように見えるわ」と言うかもしれません。繰り返しますが，これが私たちが体験する特定の思考場の影響なのです。

　思考場にチューニングしないでTFTを行うことはできません。クライエントは，取り組むべき特定の問題に焦点を当てる必要があります。私たちが鍼灸師で身体的な問題に鍼を使うとしたら，患者に特定のことを考えるようには求めないでしょう。鍼灸師として訓練されれば，われわれは身体に関する問題に取り組むのです。しかしながら，ここでは思考とそれに対応する感情の問題に関わっているので，思考について取り組むためにそれが必要となります。あなたがTFTを使うほど，どうして今ではTFTと知られているその名前になったのかが明らかになっていくと考えています。TFTが成功すれば，今まで特定の思考場に付随していた感覚や感情が恒久的に変化するのです。

もしクライエントが，相談室にいる間に，特定の思考や状況に関する感情に触れられなかったらどうしたらいいでしょうか？

　クライエントが，相談室では，特定の思考に付随する感情にアクセスできなくてもTFTはできます。クライエントがこう言ったとします。「私は

交通渋滞のイライラについて取り組みたいのですが，運転しているときとか誰かが頭にくることをしたときでないと動揺しません」。もしあなたがTFTの診断レベルのトレーニングを受けていれば，クライエントがその時には感じられなくても筋テストで苦痛を見つけられるので有用です。しかしながら，アルゴリズムレベルしか受けていなくても多くの場合で良い結果が得られます。いつもの方法で始め，クライエントに問題にチューニングまたは問題について考えてもらいます。交通渋滞の例では，現実の生活で感情の引き金になりそうな典型的な状況，たとえばのろのろ運転の車や乱暴な運転の車について，クライエントに考えてもらいます。

そしてクライエントに次のことをしていただきます。

再発性PR（神経リンパ反射のポイントである圧痛領域）

主要系列

9g

主要系列の繰り返し

ミニPR（再び圧痛領域をこする）

主要系列

9g

主要系列

アイロール

※圧痛領域を使うのは，PRポイントが心理的逆転の修正に効かないときに頻繁に有効だからです。しかしながら，PRは逆転の修正をするのにまず使うべきポイントです。

さて，あなたのクライエントの問題を，有効かはわかりませんがアルゴリズムを使って治療しました。そして，クライエントに伝えます。いっ

しょに行って効果があったかもしれませんが，治療した問題に曝露すればわかることでしょう。そして，自分でできるように手順を渡すと練習もできるし，問題が起きたときには必要に応じて自分で対処できます。このテクニックを練習するような状況が起きるのを待たないようにクライエントに伝えておくとよいでしょう。交通渋滞の例のような状況が起きた時に行うのでは難しすぎるからです。先ほどの話のように，セッションの終わりに，アルゴリズムを使った手順をメモのようにして渡すことが重要だと思います。

クライエントが，そこにあるのはわかっているけど底の方にあって触れられない気持ちがあることを教えてくれるような状況もあります。この気持ちのことを考えても何も感じられないと言うでしょうが，その麻痺している感覚を1から10の尺度で答えてもらってください。適切なアルゴリズム治療を使って，麻痺の感覚に取り組んでみてください。通常，これは複雑なトラウマ・アルゴリズムに怒りや罪悪感，そしてその他みなさんが関係していると推測するポイントを組み合わせて使うということです。これで，よく麻痺の感覚が軽減されて，感情が表れ始めますが，そのようなときには，適切なアルゴリズムを選んで，内在する感情に対処してください。

恐怖と不安をどのように区別すればよいでしょうか？

恐怖は，切迫したことや現在のことについて体験する興奮性の交感神経の反応を意味します。アメリカン・ヘリティッジ英語辞典によると，恐怖とは「1. a. 危険の存在または切迫により引き起こされる興奮や不安の感情 2. 動揺または不安の感情」です。

不安もまた，興奮性の交感神経の反応です。しかしながら，不安は一般的には，近い将来またはもう少し先の未来に起きるだろうことへの心配や予期不安を意味します。同じ辞書では，不安とは，「1.a. 未来の不確かなことについて，困惑や心細さの状態。b. 不安の原因。2. 精神医学：顕著な

不安や不確かさの状態，驚異的な出来事または状況の予想から起きる恐怖の状態，影響を受けた個人の正常な身体的そして心理的機能がしばしば崩れる程度」です。

恐怖症は，特定のことについての不合理な恐怖です。同じ辞書によると恐怖症は，「1. その恐怖の刺激を回避せざるを得ない特定のもの，または，状況への持続的，異常，または，非合理的な恐怖。2. 強い恐怖，毛嫌い，または，嫌悪」

区別が実際にすべて重要なわけではありません。TFTのアルゴリズムを使っているならば，あなたが不安，恐怖，または，恐怖症に対処しているかどうかにかかわらず同じアルゴリズムになるからです。

恐怖を手放すことは，クライエントにとって危険にはなりませんか？

なるかもしれませんが，私は今までクライエントが恐怖や不安を手放す援助をした状況が危険を生んだことにまだ遭遇していません。私たちは不安や恐怖がなくても，状況について気遣いをしたり，慎重になれるということを思い出してください。恐怖が，幼児や小さな子どもたちの場合，防衛機能になることは理解できます。論理的に考える能力がほとんどない，あるいは，まったくない動物にとっては，防衛の役割を果たしていることを疑う余地はありません。しかし，恐怖と不安は，多くの場合，大人になると，安全であるというわれわれの能力をしばしば妨げます。

ほとんどの人が同意見だと思いますが，たとえば，不安を体験している車の運転者より，安全なドライバーの方がより安心だと言えるでしょう。そして，虐待の関係があり，命が脅かされている女性が，恐怖に囚われ続けて，逃げ出す計画を実行することに集中できない状態をいったん取り除けば，その関係から抜け出すスキルを集めることができるかもしれません。彼女の神経系に仕掛けられた不安によって混乱させられることなく，自分の状況について慎重に気遣いができるのです。

悲しみについてはどうですか？ クライエントは大切な喪失に悲しむ必要はないのですか？

　もちろん，悲しむのです。ただ，その悲しみに永遠に立ち往生することはないのです。悲しみの初期段階に，クライエントがしばしば報告してくれるのは，大切な人たちが亡くなっていく時に，ゆがんで不自然な顔のような，望ましくない記憶に囚われることです。クライエントは，動揺させるようなイメージ以外あまり考えられないと時々報告します。そのようなクライエントを悲しみのアルゴリズムで治療すると，大切な人の喪失を体験したばかりのクライエントがともに過ごした楽しい時，幸せな日々を思い出すことができます。

　またあるときは，悲しみからあまりに長く進めないと感じて，私たちのところに相談に来られます。（あまりに長いというのは，クライエントが長すぎると決めるのです。）悲しみのアルゴリズムを使うと，このようなクライエントが歩き始めるよう援助できます。悲しみに取り組む際に，ゴールを「平穏と受容」と設定することがだいたい役に立つようです。言い換えると，SUD が 1 ということは，「悲しみがない」ということではなく，「平穏と受容」の感情を意味します。「悲しみがない」ということは，クライエントに受け入れられないかもしれません。

クライエントは，時々怒りが必要ではないのでしょうか？

　怒りは，時々役に立つものです。たとえば，クライエントが自分自身に怒りの感情を向けたり，罪悪感や抑うつを感じるのではなく，加害者に怒りを感じ始めるのは，セラピーにおいて重要なターニング・ポイントをしばしば意味します。怒りは，変化の最初のきっかけになり得ます。しかし，怒りを内に向けても露わにしても，持ち続けることは，怒りに行き詰まっている人にとって有害であり，また，時には他者にも有害になります。

　怒りと恨みの関係，また，心臓病との関係をも示す研究が豊富にありま

す。多くの研究はまた，感情をはき出すことが怒りを手放す良い方法だという一時流行した考え方と矛盾しています。研究では，多くの場合，感情をはき出すことは「持ち続けてきた」怒りを癒すのではなく，悪化させるだけだと示されています[1]。私たちは，クライエントに，感情的な意味で怒ることなく，当然のこととして憤慨できること（たとえば，第三世界の児童労働に対して）を伝える必要があります。また，怒りは自分自身を傷つけるため，自身のためにそれを手放し，怒っている相手のために手放す必要があるわけではないこともしばしば伝える必要があります。

　怒りに対する最後の考えは，怒りを手放すことと許すことが，自動的に怒りや（または）憤慨を感じなくなった相手と接触する必要があるということには結びつかない，ということをクライエントが理解するのを援助する必要が時々あることです。許すことの私の好きな定義は，ロバート・エンライト Robert Enright からの引用で「許すということは，あなたが憤って当然のことを手放し，以前よりも親しい感情をその相手には抱くに値しないことを知ることである」[2]

　このようにクライエントが怒りについて考えられるよう援助することが，しばしば怒りを解決する取り組みを容易にしてくれます。

罪悪感のアルゴリズムか恥のアルゴリズムか，どちらを使うかどのように決めるべきでしょう？

　罪悪感は，一般的にはすでに起きたことや起きなかったことについてです。恥は，通常，自分についての感情です。クライエントが使う言語に耳を傾けてください。

　罪悪感に関する考えの追加ですが，罪悪感は悪いことであるという考え方が少々広がっています。それが不健康だとされる一方で，罪悪感を持てる力はプラスのことでもあります。罪悪感を体験する余地を持たない人たちは，少なくとも社会的異常者で，極端になると，精神異常者になります。

罪悪感を体験する人が誰もいないとしたら，望ましい状況にはなるはずがありません。

しかしながら，クライエントはたびたび不適切な罪悪感を持ち，またそれを長く持ち続けすぎます。ずっと持ち続けている不適切な罪悪感，または，以前は適切だった罪悪感に取り組むときには，クライエントに「その過ちにチューニングして」ではなく，「罪悪感の感情にチューニングして（焦点を当てて）」と伝えるのが，よい形だと思います。

私のクライエントはよくイライラすると報告します。イライラにはどのアルゴリズムを使うと良いのでしょう？

クライエントが問題や状況のことを示して，イライラな感情を表現するかもしれません。「物事が完ぺきに進まないときに，すぐにイライラします」

私はイライラを程度の低い不安感と考え，またそれには，しばしば，程度の低い怒りが伴っています。

これらの感情は，ほとんどの事例で，TFTの不安アルゴリズム，または怒りと不安の組み合わせアルゴリズムでうまく対応できます。治療が成功すると，コントロールできていない時にイライラを感じるクライエントは，たとえば，自分でコントロールする力には限界があるという事実についてイライラも不安も感じなくなり，結局はコントロールがちゃんとできるようになります。

抑うつに取り組むときには，何について焦点を当てますか？

これは，大抵それほど問題ではありません。というのも，抑うつの人たちはすでにその状態にあるからです。彼らは問題にチューニングできません。クライエントが自分の抑うつをあらわす時に使う言葉に注意を払うことが役立ちます。絶望的な感情や，人生について楽しみが感じられない

という気持ちにチューニングしてもいいかもしれません。私はかつて，抑うつの状態のために学校に行けなくなった男の子に関わったことがあります。彼は，抑うつであることは否定しましたが，「つまらない」と表現したのです。

この男の子の事例で，私たちは「退屈さ」の感情にチューニングして，彼の「退屈さ」のSUDレベルは，抑うつのアルゴリズムを使って，10から1まで落ちたのです。

痛みが複数個所あるときに，どのように痛みに取り組んだらよいですか？

一般的なルールとして，もっとも痛みが激しい部分にまず焦点を当て，それが緩和されたら，次に激しい部分に焦点を当てていきます。痛みが動くときには良い兆候で，エネルギーが動いて何かが起きているのです。また，痛みが別の箇所に動いていくのは，「歯－靴－こぶ（TSL）」の法則の結果かもしれません。

依存症に関わる際，自分のクライエントが相談室にいない時に，依存的衝動を軽減させるために，TFTを確実に使ってもらうにはどうしたらよいですか？

TFTのほとんどの治療と違い，依存的衝動の治療は，衝動が起きるたびに，クライエントに繰り返してもらう必要があります。彼らはしばらくの間，この治療を繰り返す必要があり，その期間が短い人もいれば長い人もいます。あなたのクライエントが従うことを保障するものは何もありません。依存に関していえば，ホームワークをする際にはどのホームワークでも問題になることがしばしばです。処方された治療法が，渇望を軽減する薬を摂取する，抗酒薬を摂取する，AA（アルコール中毒者更生会）に参加する，または，TFTの依存的衝動のアルゴリズムであっても，結局ク

ライエントが自分の成功をコントロールするのです。しかしながら，適切な準備はあなたのクライエントが順守してくれる可能性を大きく高めるため，成功するかもしれません。

　可能な時にはいつでもあなたのクライエントに，依存的衝動を実際に感じている時にセッションに来るよう勧めてください。たとえば喫煙者の場合彼らのゴールは禁煙で，タバコがほしくなったときに来てくれることが望ましいです。クライエントにはあなたの相談室に入る直前にタバコを吸わないでもらうと，依存的衝動のアルゴリズムが渇望を軽減し，その違いを体験してもらうことができます。

　クライエントが不安に苦しみ，それを依存物質や依存的行動で補っていることを説明することは，依存に関していつも多くの恥に苦しんでいるクライエントにとって大きな安心となります。恥そのものは依存的サイクルに火をつけます。恥は（自身に対する）不安につながり，結局は，少なくとも一時的には不安の強い感情を治めてくれる依存的行動につながります。私の経験上，不安を治める方法をうまく探せたクライエントを祝福するテクニックを使うことは，逆説的ではありますが役に立ちます。しかし，これが議論になり，結果，彼らが現在自分で治めている方法に関して問題があるということがわかってきます。これは，ひいては不安を取り除く方法として，そして直接的な結果である依存的衝動を取り除くための方法として，TFTの依存的衝動へのアルゴリズムを紹介する良いタイミングです。彼らは，あなたの相談室で不安のアルゴリズムを試し，それがどのように効くか体験できます。

　私の経験では，このシンプルなアルゴリズムはほとんど瞬時に有効で，依存的衝動を1まで落とします。クライエントはこれで新しいツール，不安に自分で対処する新しい方法を持つのです。不安を治療するこの新しい方法は，自分の人生に問題を増やすことはないし，お金もかからず副作用もない，容易に使えるものです。最後にはいろいろな不安が軽減されてい

くにしたがい，タッピングもどんどん減っていきます。

（喫煙の場合）クライエントのSUDが1のとき，自分のタバコを持ってもらうことは役立ちます。クライエントにそれを見てもらい，持ってもらい，くわえてもらってもいいでしょう。こういった行為でSUDレベルが少しでも上がりますか？　答えが「イエス」ならば，再び依存的衝動／不安のアルゴリズムを1になるまで行ってもらいます。

クライエントに自分が依存的行動にはしっているさまざまな状況をイメージしてもらってください。喫煙の事例では，朝一のコーヒーのとき，喫煙する同僚と仕事中に休憩を取ったとき，または夜の就寝前かもしれません。もしこれらのイメージのどれかが衝動を引き起こしたら，再び状況がもう喫煙衝動を引き起こさなくなるまで，依存的衝動アルゴリズムを使ってください。

クライエントには，アルゴリズムの手順を家に持ち帰ってもらい，喫煙衝動を体験していないときにこの治療を練習するよう伝えます。衝動を感じ始めたら，衝動が10にならないうちに自分自身を早めに治療します。衝動がすでに10の時には，アルゴリズムを実際に使う可能性は減るでしょうから。

TFTの派生で，圧痛領域をこすることから始まるものもありますか？ それは時間の節約にならないのですか？

この体の左側にある神経リンパのスポットをこするのが必要なクライエントは少数です。多くは，逆転のどの修正も必要ではなく，修正が必要な人の多くは，シンプルなPR修正（手の平の横）で十分です。もし，あなたがすべてのクライエントに自動的にPR修正をしてもらえば，多くのクライエントにとって時間の無駄になりますが，この治療が必要なクライエントについての重要な情報を見逃します。もしクライエントが，圧痛領域をこすってから治療に反応するということは，トキシン（訳注：体のエネ

ルギーに悪影響を与える物質）が関与していることを強く示唆します。これはセラピストにもクライエントにとっても必要な情報の1つで，クライエントがすでに自分にとって有毒なものを摂取，または，吸入したことがわかっていれば，これがヒントになります。または，代替として，個別のエネルギートキシン（IETs）の特定を訓練されているDx（診断）レベルやVT（ボイステクノロジー）レベルのセラピストである医師やその他の専門家に相談されるとよいでしょう。

特定のエネルギーポイントをタッピングする際，体の左右のどちらかをタッピングすることで違いは出ませんか？

いいえ。同じ治療の中でも体のタッピングする側を左右変えても大丈夫です。

体の両側をタッピングする人を見ました。この方がより効果が出ますか？

12の経絡は，体の両側を鏡のように流れています。ロジャー・キャラハンが初期に，後に思考場療法として知られる治療法を発見した時には，クライエントに両側をタッピングしてもらっていました。何年もたって，彼は，両側をタッピングすることは不必要だとわかり，片側だけのタッピングでも両側のタッピングをするほど効果があります。

TFTで使われる2つの治療ポイントは，体の中線に位置しているため，片側のポイントかどうかは問題になりません。鼻の下と下唇の下の2つのポイントは，体の前と後ろの経絡をつなぐ2つの主要な脈にあります。体の前に流れる連結の脈は「任脈」で，恥の治療のアルゴリズムでタッピングされ，体の後ろを流れる「督脈」は，恥ずかしい（困惑），レベル2の逆転，そして，鼻詰まりの治療にタッピングされます。

通常の TFT 治療ポイントが使えないときには，代替ポイントがありますか？

　通常のタッピングポイントが使えないことが稀にあることでしょう。私のトレーニングを受けた看護師が，ある朝電話をしてきました。彼女は，患者に TFT を使いたいのだけれど，患者がひどく殴られているため，眉頭も目の下もタッピングができないというものでした。私は彼女に，眉頭のポイントが膀胱の経絡の一番端のポイントであること，もう 1 つの端のポイントが足の小指爪の一番下の角であることを伝えました。目の下が相当する端のポイントは，胃の経絡のもう一方の端のポイントで，足の第二指（親指のとなり）の爪の小指側の一番下の角にあたります。彼女は，足の小指，足の第二指，腋の下，鎖骨下を使って，患者のトラウマと不安を治療することができました。

　クライエント，特に抑うつまたは痛みを治療される人たちは，ガミュート・スポットをタッピングする時に，身体的な苛立ちを感じ始めることがあります。ガミュート・スポットの代替ポイントは眉頭の端，外側の方のポイントです。ナイン・ガミュート治療（9g）も，このスポットを使いながら行えます。

　私のアルゴリズム・トレーニングに参加者したセラピストは，最近までは熱心なスキューバ・ダイバーだったのですが，マスクと装備をつけた後，水の中でそれを落としてから，恐怖に苦しんでいたのでした。彼女は最後のダイビングで，深刻なパニック発作を起こしました。ワークショップのときに，彼女はマスクを少しでも着けるとパニックになりましたが，彼女の夫もダイビングのファンで，彼とともにまた水の中で楽しみたいと思っていました。彼女は，トリガーとしてのマスクがないと，ダイビングの恐怖は感じられなかったので，トレーニングの 2 日目にマスクを持ってきてもよいか聞いてきたのでした。

　トレーニングの 2 日目に，彼女はマスクを着けると，0 から 10 の SUD

レベルは「20」くらいと報告しました。彼女はマスクを着けているので，胃の経絡の別のポイント（足の指スポット）を試す絶好の機会と私は判断し，「足指，腋の下，鎖骨下」を主要系列として使い，彼女のスキューバ・ダイビングへの強い不安を治療する手順としてタッピングしました。その女性は，すぐに SUD レベルが 1 となり，この問題に立ち向かうことで（まだマスクは着けたまま），胃の中に若干の何かの感じが残っていると報告してくれました。私がそれに取り組もうすると，彼女が「いいえ！　ちょっと待って。私がちょうど感じているのは興奮です」と言いました。彼女は自分自身が水の中で，魚たちといっしょに泳いでいる姿をイメージできたことをシェアしてくれて，「またもぐって，魚と泳ぐのが待てない」と。介入は，見事に成功しました！

代替ポイントについては，付録 II の TFT 治療ポイントの位置を参考にしてください。

私が TFT を初めに学んだときには，さまざまな心理的逆転を修正するときにはアファメーション affirmation がありました。なぜ公式の TFT トレーニングではもう教えられていないのですか？

TFT は，発達中のセラピー・テクニックです。治療効果を実際に高めるものだけを付加し，そうでないものは除外される中で洗練され続けています。ロジャー・キャラハン博士が，1979 年に心理的逆転の修正を発見した当時は，自分自身を受け入れられない人には，だいたい心理的逆転に取り組む必要があることに気づいていました。彼は，自分自身を受け入れることが，逆説的ではありますが，問題を解決する初めのステップだと重要視していました。

ゆえに，「私は，この問題があっても，自分自身を深く，完全に受け入れます」という言葉とともに，長い間，手の平の横のタッピングや神経リンパのポイントをこすっていました。これは，PR をタッピングまたは圧痛領

域をこする間に 3 回繰り返されました。ミニ PR が修正される時には，「私は，残っている問題があっても，自分自身を深く，完全に受け入れます」。より深いレベルの PR には，鼻の下をタッピングしながら，「私は，この問題を乗り越えていないが，自分自身を深く，完全に受け入れます」と 3 回繰り返されました。数年前にキャラハン博士が実験した結果，アファメーションは特に必要がないことがわかりました。それ以上に，この言葉が誤解を生んだのです。セラピストの中で，これがポジティブなアファメーションを埋め込むものだという誤った考えを持つ人がいました。TFT は，ポジティブなアファメーションを使うものではありません。

　これらのアファメーションを除外することは，当初，私にとって困難でした。多くの人と同様，この変化に抵抗があったのですが，キャラハン博士が正しいことがわかったのです。アファメーションは何も付加せず，このアファメーションを使わなくても，同じすばらしい結果を得たのです。

　（訳注：キャラハン博士は，2005 年以後，またアファメーションを使い始めました。それは，TFT の効果を高めることがあるという理由からで，必須ではなく，必要に応じて使うように勧めています。)

自分が逆転していない時にタッピングしたり，圧痛領域をこすると，逆転してしまいますか？

　いいえ。どちらかはっきりしないときにも，逆転を修正してください。PR のポイントをタッピングしたり，再発性 PR のスポットをこすっても，逆転を起こすことはありません。

なぜクライエントに寄り添ってタッピングを行うことを勧めるのですか？

　TFT は，行うことで一番学べます。テクニックの模範となるには，説明は最小限にとどめておいて，あなたが「目の下の頬骨のあたりをタッピン

グして」など言葉で指示しながら，クライエントがあなたを鏡にして行えるようにします。こうすると，TFTの一連のやり方を教えてから行う必要はありません。

クライエントに寄り添ってタッピングをする2つ目の理由で，同じくらい重要なのは，この今までと違った治療をすることに，クライエントは初め馬鹿げていると感じることがあることです。あなたが彼らに寄り添って行えば，これらの変わった行動をすることへの自意識が軽減されるでしょう。

タッピングし過ぎてもいいのでしょうか？

あなたに痣ができるかもしれない以外は，強くタッピングしすぎても，長くしすぎても，タッピングに有害なことはなく，時間とともに効果がなくなることもありません。

この一連のタッピングはセラピストに何かをもたらしますか？

何かをもたらすわけではないようです。クライエントに寄り添ってタッピングしている時に，もちろん，あなたは自分自身の問題にチューニングはしません。しかしながら，共感的にクライエントの問題にチューニングしているとしたら，クライエントの治療効果を高めるのではないかと思います。私は，場の量子理論が示しているように，人間を含む万物はすべて相互関連性があるという推察に基づいています。

「歯－靴－こぶ Tooth-Shoe-Lump」ジレンマが起きたときにどのように対処すればよいでしょうか？

「歯－靴－こぶ（TSL）」は，もともと表れていた問題が治療されると新しい問題が起きてくる現象を意味します。大きな強い痛みが，より小さな痛みを覆い隠す傾向があります。これは，もともとの問題とは無関係で，新しい問題であるときと，もともとの問題の別の層である場合もあります。

「歯-靴-こぶ」は，通常，弱い痛みがより強い痛みに覆い隠されることを指しますが，逆もあります。クライエントは，自分自身を切りつけたり，そうでなければ，切断したりする事例のように，心理的な痛みを心から忘れさせるために，弱い痛みを作り上げることがあります。身体的な痛みは心理的苦痛を逸らすので，喜んで受け入れるのです。自分の人生における心理的な危機を作って，自分が回避しているより深い心理的苦痛を軽減させる強迫的なドラマを作り上げたりする人もいます。強い身体的疼痛のある人は，新しい痛みがありがたく感じるかもしれません。私のクライエントで，リューマチ性の関節炎に人生のほとんどを苦しんでいた男性がいました。彼は，「狂っていると思われるかもしれないが，自分自身を傷つけると気持ちがいいときがあるんだ。いつも自分にある痛みを忘れられるからね」と私に伝えたのでした。

「歯-靴-こぶ」という珍しく変わった名前の出来事は，実はキャラハン博士の実体験からきています。キャラハン博士は深刻な歯痛に苦しみ，歯科医に緊急の予約をとり，待合室で座っていると歯科医が出てきて痛み止めの注射を打ってくれます。痛みが弱まると，彼は自分の足を痛めているほど合わない靴を履いていたことに気づいて脱ぐのですが，すると，自分が座っているカウチがこぶでデコボコしていて，座り心地が悪いことに気づくのです。故に，「歯-靴-こぶ」です。

TFTを使うことで，非常に短時間の間にクライエントが状況について異なった感覚を持つことを可能にします。しかしながら，取り組むべき他の問題がある，または表出している同じ問題でも，まだ扱われていない部分があるということもしばしばあります。ここにも，「歯-靴-こぶ」効果の知識が役に立ちます。

クライエントの SUD レベルが 1 に落ちて，「私には他に取り組みたい問題があります」と言っていただけたら，もちろん，みなさんもただその次の問題に移るでしょう。しかしながら，そんな容易にはいかないことが多いものです。

「また 10 に戻りました」（または 1 以上）とクライエントが言うかもしれません。あなたが問題について尋ねた時には，クライエントがいっしょに取り組んできた同じ問題の別の部分にチューニングが変わっていることに気づくかもしれません。別の感情が関与しているのです。たとえば，クライエントが怒りについてチューニングしていたはずなのに，今は怒りの下にある悲しみを体験しているのです。これは，新しい問題として取り組むべきで，元々の問題に関連するものの，異なった感情を治療しているわけです。これは，「歯－靴－こぶ」の単純な例です。

SUD レベルが低いが 1 ではないような時には，元々の問題に関連する新しい感情が出てくることがあります。それは，「歯－靴－こぶ」のより複雑なバージョンです。クライエントが感情を分離できれば，元々の感情に取り組むことを継続し，別の治療で，新たに蓋が開けられた感情に戻ってください。これらの感情が，クライエントの思考場で分離できずいっしょに抱えているようでしたら，再び始めて，この問題に関連する感情の適切な組み合わせでアルゴリズムを使ってください。新しい治療を始めるなら，今度は新しくてより複雑なアルゴリズムとなるでしょう。

SUD レベルが落ちそうにない他の理由は何でしょうか？

特定の PR の修正，再発性 PR の修正，そして鎖骨呼吸法のプロセスを行ったと前提します。問題を明確にそして簡潔に捉えられているか自問してみてください。それでもダメならば，あまりに多くのことに一度に取り組んでいるか，または一度に複数の異なった思考場に進んでしまっているのかもしれません。特にトレーニングがアルゴリズムレベルですと，問題

を明確化する第1段階で，徹底的に作業することが重要でしょう。

「歯－靴－こぶ」問題かもしれないし，クライエントがもはや同じ問題に焦点を当てていないかもしれません。1カ所または2カ所のタッピングで問題が1まで落ちる稀な事例もあることも覚えておいてください。クライエントがまだ正確に同じ問題に焦点を当てていることを確認しておく必要があります。これについては，上記の「歯－靴－こぶ」の質問を参照してください。

● 鎖骨呼吸の手順

1. 2本の指を鎖骨ポイントに当て，もう片方の手でガミュートポイントを5タップの間に5段階呼吸をします。
2. 今度は拳を鎖骨ポイントに当てて，もう片方の手でガミュートポイントをタップしながら5段階呼吸をします。
3. そのまま拳をもう片方の鎖骨ポイントに当てて，もう片方の手でガミュートポイントをタップしながら5段階呼吸をします。
4. そのまま2本指にして，もう片方の手でガミュートポイントをタップしながら5段階呼吸をします。
5. 今度は手を代えて2本指を鎖骨ポイントに当て，もう片方の手でガミュートポイントをタップしながら5段階呼吸をします。
6. そのまま拳をもう片方の鎖骨ポイントに当てて，もう片方の手でガミュートポイントをタップしながら5段階呼吸をします。
7. そのまま拳をもう片方の鎖骨ポイントに当てて，もう片方の手でガミュートポイントをタップしながら5段階呼吸をします。
8. そのまま2本指にして，もう片方の手でガミュートポイントをタップしながら5段階呼吸をします。

※5段階呼吸
①大きく息を吸って止める。②半分息を吐いて止める。③全部息を吐いて止める。④半分息を吸って止める。⑤全部息を吐いて普通呼吸。

アレルギーやエネルギーの過敏性もありえます。クライアントが香料を身につけていることで，治療の妨げになることもあります。クライアントには，次回のセッションには香りをつけないで来ていただくとよいでしょう。香料の入っていない洗濯洗剤，柔軟剤，ヘアスプレー，ローション，そして，もちろん言うまでもなく，香水，コロンまたはエッセンシャルオイルもつけないことです。

クライアントには，より複雑な治療が必要でしょうし，診断トレーニングを受けたセラピストを紹介する必要もあるでしょう。もし，あなたが診断レベルのセラピストで，すでに問題の治療に診断を使っていたのでしたら，TFT ボイステクノロジー（VT）のセラピストに相談するとよいでしょう。

誰にでもいつも効果が出るという治療はないということを覚えておいて下さい。しかしながら，ほとんどの事例で，みなさんが問題をちゃんと捉えることができたら（第1段階），キャラハン博士が発展させたシンプルなアルゴリズムの効果が出ることに気づくでしょう。診断レベルのトレーニングを受けた者は，TFTを使って援助する上で，より高いレベルの成功を得られることがわかるでしょう。ボイステクノロジーは，TFTのすべての形式の中でもっとも成功率の高いもので，もっとも治療が困難な事例に用意されています。

SUD レベルは落ちたものの，低い SUD レベルから行き詰まった際にはどうしたらよいでしょうか？

ミニ PR の修正をすでに行い，それから，初めのアルゴリズムをすべて繰り返して，SUD レベルが2またはそれ以下になっていないとしたら，元々の問題に繋がってる別の感情にあなたもクライエント自身も気づいていないかもしれません。特に，あなたがアルゴリズムしか使えないとしたら，クライアントともっと話をする必要があります。クライアントと話を

するだけで，気づいてない感情が自然と明らかになる場合があります。一緒に取り組んできた問題に関連する罪悪感（または怒り，悲しみ，不安，恥，または困惑）も，クライエントが感じているのをあなたが見過ごしているかもしれません。罪悪感のアルゴリズム（他の適切なアルゴリズム）を含む新しいアルゴリズムの組み合わせで新たに始めてもいいでしょう。確認して，残っているのはもう罪悪感（または初めはわからなかった他の感情）だけだとしたら，ただ適切なアルゴリズムをクライエントに行ってもらってください。この種のさらなる議論は，この章の「歯－靴－こぶ」を参照してください。

註

[1] B. J. Bushman, R. F. Baumeister, A. D. Stack, "Catharsis, aggression, and persuasive influence: self-fulfilling or self-defeating prophecies?" *Journal Personality and Social Psychology.* 1999, 76. 367-376.
[2] Michael J. Farrell（1997）"They say you can do yourself a favor forgiving others," *National Catholic Reporter, 1997, pp.9-11.* Also: William A. Meninger, "The Process of Forgiveness" in Muller-Fahrenholz, *The Art of Forgiveness.* WCC Publications

付 録
Appendix

I	TFTの用語集	191
II	TFTアルゴリズム 治療スポットの位置	193
III	対応する鍼／灸のポイント	195
IV	TFTを使った研究の要約	196

付録 I

TFTの用語集

Appendix I ▶ Glossary of Terms

思考場 Thought Field ● 特定の思考と合って影響される場。思考場にチューニングする（取り組むべき問題について考える）ことは，TFTを使って心理的問題を治療するために必要である。

アルゴリズム Algorithm ● 主要系列，ナイン・ガミュート（9g）治療，主要系列の繰り返しを含む一連の治療パターン。アルゴリズムは，キャラハン博士が特定の心理的問題に対して，大抵の場合に有効だと発見したパターン。

主要系列 Major Treatment ● TFTの治療プロセスの一部で，特定の順序で特定の経絡のポイントをタッピングする一連のこと。アルゴリズム，TFT診断の初めと終わり，または，VT（ボイステクノロジー）のホロンの最初と終わりに使われている。

ナイン・ガミュート治療（9g） Nine-Gamut Treatment（9g）● ガミュート・スポット（手の甲の小指と薬指の関節の間）を持続的にタッピングする間に，行う一連の手順。

パータベーション Perturbation ● キャラハン博士によって提唱された正常なエネルギーパターンの障害。ネガティブな感情は，思考場のパータベーションによって起きるとされる。

心理的逆転 Psychological Reversal（PR）● エネルギー・システムの障害。取り除かないと，問題に効果的に対処するのを妨げる。

　　　　再発性 PR──繰り返される心理的逆転であり，通常はトキシンによる。

　　　　ミニ PR──治療の中で，アルゴリズム（またはホロン）が部分的に効いた後に起きる心理的逆転。

SUD レベル SUD（Subjective Unit of Distress）Level ● 苦痛の主観的単位を意味する主観的な測定。

TFT のレベル ● アルゴリズムレベル（初級），診断レベル（中級），上級レベル，VT（ボイステクノロジー）レベル

● 9g（ナイン・ガミュート治療）の手順

ガミュート（手の甲の治療ポイント）をタッピングしながら，各5回くらいタップするあいだに，

1. 目を閉じる
2. 目を開ける
3. 顔はまっすぐのまま，視線を右下に
4. 視線を左下に
5. 目を回転させます
6. 目を反対回りに回転させます
7. ハミング（曲ならばなんでも。たとえば「咲いた,咲いた」をハミング）
8. 1から5まで数える
9. 再びハミング

※ 目の不自由な方は，目を開けたり，視線を下に向けていると想像しながらでも行えます。

● Webサイトでは動画でタッピングの手順を紹介しています。
・日本TFT協会　http://www.jatft.org/
・TFTセンター・ジャパン　http://www.tftjp.com/

付録 II

TFTアルゴリズム
治療スポットの位置

Appendix II ▶ TFT Algorithm Treatment Spot Locations

腋の下 ● 肋骨の横側どちらかの腋の下から 10 ～ 12 センチくらい下。

目の下 ● 目の中心から下に，頬骨のあたり。正確な位置は少々疼痛があるかもしれないが，それほど正確である必要はない。(注意！あなたやクライエントの爪が長い場合は，拳をタッピングに使ってください。) 代替スポットは，足第二指の爪の角，小指側。

鎖骨下 ● 鎖骨の間から 2，3 センチ下がり，左右に 2，3 センチいった鎖骨の下のへこみ部分。

眉頭 ● 眉の始点，鼻のつけ根。(クライエントが額の上部をタッピングしないよう注意。) 代替スポットは，足の小指の外側，爪のつけ根。

小指 ● 小指の爪の横，親指側。

人差し指 ● 人差し指の爪の横，親指側。

ガミュート ● 手の甲側，拳のすぐ下，小指と薬指の骨の間。代替ポイントは眉の終点。

心理的逆転（PR）の修正スポット ● 手の平横，小指のつけ根と手首とのつけ根の間の中点。

再発性心理的逆転の修正スポット ● 鎖骨と鎖骨の間から 3 センチくらい

下，左に（右に）10センチくらいいったエリア。ここは，鍼のツボではなく，神経リンパの反射ポイント。（注：神経リンパの反射は，1930年代に，オステオパシー医のフランク・チャップマン Frank Chapman が発見した。）このエリアはタッピングではなく，弧を描くように擦る。この修正が必要なときには，この部分が少々痛むこともある。

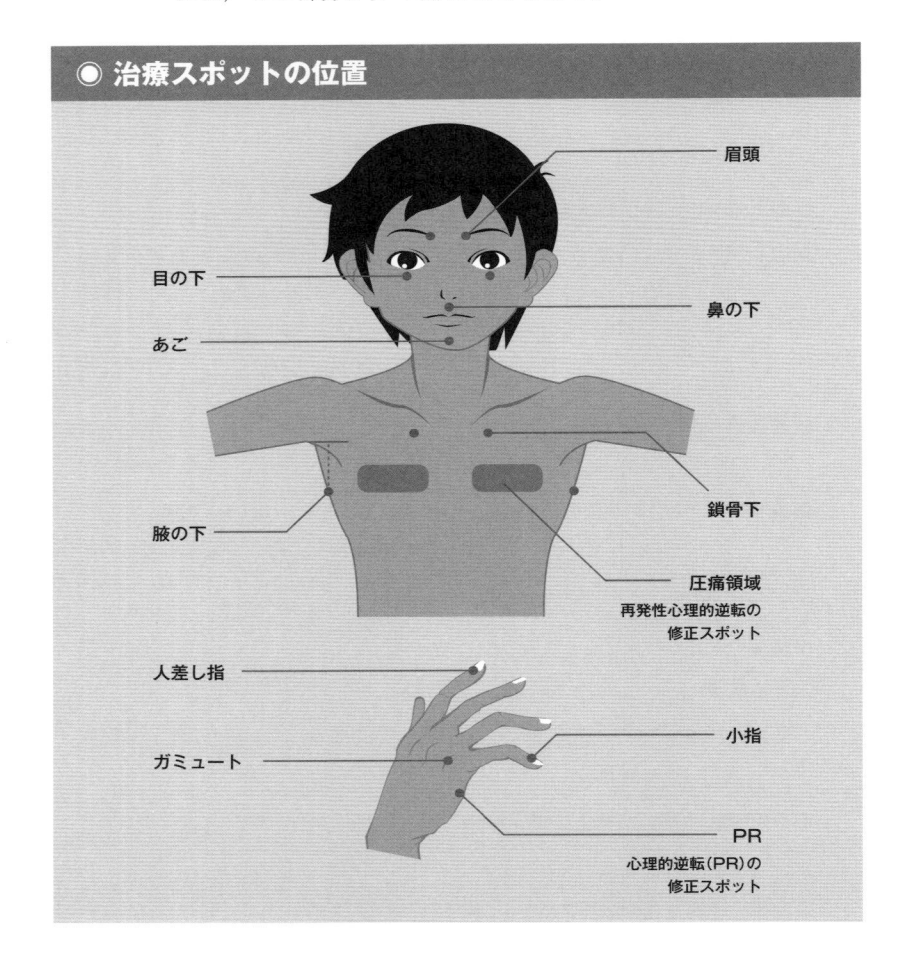

● 治療スポットの位置

- 眉頭
- 目の下
- 鼻の下
- あご
- 鎖骨下
- 腋の下
- 圧痛領域
  再発性心理的逆転の修正スポット
- 人差し指
- 小指
- ガミュート
- PR
  心理的逆転(PR)の修正スポット

付録 III

対応する鍼／灸のポイント

Appendix III ▶ Corresponding Acupuncture Points

これらは鍼灸のチャートに掲載されているため，参考までに治療ポイントを掲載した。

TFT 治療ポイント	経絡	エネルギー・ポイント
目の下	胃	ST1
眉	膀胱	BL2
腋の下	脾／膵	SP21
目尻	胆	GB1
鎖骨下	腎	K27
小指	心	HT9
中指	心包／心膜	CS9
人差し指	大腸	LI1
ガミュート	三焦（甲状腺）	TH3
PR の修正	小腸	SI3
再発性 PR の修正	神経リンパの反射ポイント（経絡ではない）	
鼻の下	督脈	GV26
唇の下	任脈	CV24
親指	肺（診断または VT レベルでのみ使用）	L1
肝	肝（診断または VT レベルでのみ使用）	LIV14

付録 IV

TFTを使った研究の要約

Appendix IV ▶ A Brief Summary of Research Using Thought Field Therapy

　TFT（思考場療法）は，困難な心理的問題の大部分の治療において効果を上げてきた。ほとんどの研究は，まず第一に，臨床的観察からのもので，セラピストやクライエントからの個人的な報告は印象的である。フロリダ州立大学の心理的ストレスプログラムと臨床実験室（Psychological Stress Program and Clinical Laboratory Florida State University）の Charles R. Figley, Ph. D. と Joyce Carbonell, Ph. D. が行った正式な実験から，PTSD（外傷後ストレス障害）の治療において，すばらしい結果が生まれている[1]。この研究では，以前の結果を元に，以下の治療アプローチが選ばれた。Traumatic Incident Reduction（TIR），Visual Kinesthetic Dissociation（NLP），Eye Movement Desensitization and Reprocessing（EMDR），Thought Field Therapy（TFT）の4つである。Figley は，次のように報告している。

　TFT は，私が知るすべてのアプローチの中で，次の5つの理由からもっとも際立っていた。

1. 際立って効果が高く，クライエントが苦痛からほとんど瞬時に解放され，その効果は永続的であるようだ。
2. 誰でも覚えることができるので，他者を治療するだけでなく，クライエントが自分で治療できる。

3. 無害である。
4. 問題についてクライエントが話す必要がない。それは，時にさらなる心理的苦痛を引き起こしたり，治療を求めることを躊躇させてしまうのだ。
5. 非常に効率的である（効果が早くて長い）。[2]

もう1つの注目すべき研究は，Dr. Joyce Carbonell によるものだ[3]。彼女の研究は，特に高所が怖い，高所恐怖症を対象にしたものだ。Cohen Acrophobia Questionnaire（Cohen, 1973）の基準を満たした被験者は無作為に2つのグループに分けられ，また，はしごを上っている間に，自分の不快感の主観的評価（SUD）を出してもらった。

Carbonell の研究は，セラピストも被験者もどちらの治療を受けるかわからない二重盲検であった。1つのグループは，TFT のトラウマ／不安アルゴリズムで，もう一方のグループは，PR 治療と 9g 治療（どちらも TFT の手順）を含んだプラセボ治療だった。治療後に，被験者は，再度，Cohen Acrophobia Questionnaire とはしごの上での不快感の主観的評価（SUD）を行った。Cohen Acrophobia Questionnaire と SUD 得点の治療前後を比べてみると，プラセボのグループに比べて，主観的な評価（SUD）も客観的な評価（Cohen Acrophobia Questionnaire）のどちらも TFT の方が著しく改善されていた。

Dr. Callahan が 1985 年に発展させた TFT の上級テクニックであるボイステクノロジー（VT）を使った以前の研究でも，同じような好結果を生み出している[4]。VT は，特別な準備を必要とする TFT のより高度なテクニックを要する手順で，診断レベル（Dx）よりも効果が高いものである。特に，困難なクライエントは電話で，または，ラジオを使ったりして，この TFT の進化した手順で治療される。1986 年に，68 人の被験者がラジオを通じて，Dr. Callahan にストレスや不安を治療された。平均の治療時間

は 4.34 分で，この短い時間で，被験者の 97％の治療が成功し，平均して 75.9％の改善率である．Glenn Leonoff, Ph.D.（Monterey, California）は，10 年後の 1996 年にこの研究を再現した．Dr. Glenn Leonoff は，平均 6.04 分の治療時間で，68 人の被験者をラジオを通じて治療したところ，このグループの平均改善率は，75.2％であった．

2000 年に，Global Institute of Thought Field Therapy を代表する一団がコソボに旅立った．105 人の被験者の深刻な PTSD が治療され，249 のトラウマの数のうち，247 の治療が成功に至った．コソボの軍医総監にあたる医師が TFT を国家公認のトラウマ療法として定めた[5]．TFT は，不安，慢性的疼痛，疲労，ストレス，トラウマ，悲しみ，恐怖症，抑うつなどに苦しむクライエントにおいて，心拍変動（Heart Rate Variability : HRV）を上げることが示されている[6]．心拍変動の上昇は，全般的な健康と正の相関関係がある．

私が TFT を使って行う個別の臨床経験では，95％以上のクライエントが非常に短時間で，複数の問題が良くなったと報告してくれる．

世界的に広がるメンタルヘルスの必要性を認識し，特に，大規模な自然災害，人為災害に対応できるよう訓練されたメンタルヘルスの従事者は，先進国でも少なく，TFT 臨床家たちのグループが第三世界の国々や発展途上国でも適用できる，コミュニティ単位でのメンタルヘルスモデルにおいて，TFT を活用できるモデルを発展させ始めた．

2005 年，Dr. Paul Oas は，ルワンダ，コンゴ民主共和国，南アフリカのクワズールー・ナタール 地方への TFT 協会（ATFT）トラウマ・リリーフの派遣チームのリーダーであった．チームは，ルワンダとコンゴ民主共和国で 51 名，161 個のトラウマを治療し，苦痛の主観的単位（SUD）の自己報告によると，そのうち治療が成功しなかったのは 1 例だけであった．治療した問題は，大虐殺の生存，虐殺者により家族を目の前で殺された，民族差別，愛する者の喪失，家庭の問題などであった．

クワズールー・ナタールチームでは，97名，315個のトラウマを治療し，苦痛の主観的単位（SUD）の自己報告によると，治療がうまくいかなかったものはなかった。治療した問題は，人種差別，拷問，投獄，アパルトヘイトによる暴力，エイズ，その他の虐待などであった。

2002年，Dr. Robert BrayとCrystal Folkes, MSは，サンディエゴで，移民者や避難民のPTSD症状を解決するため，TFTを適用するパイロット研究を行った。研究は，カリフォルニア州サンディエゴ市内の小学校で行われ，子どもや家族が，個別または家族で1〜3回のTFTセッションを無料で受けられた。

TFTアルゴリズムは，心理的な脅威からさまざまな暴力行為や拷問などの広い範囲の問題を治療するのに適用された。すべての被験者は，治療前にPTSD症状を評価するテスト（市民用または子ども用のPTSDチェックリスト）を受けるよう指示され，治療して30日後に同じ形式のテストを受けた。

どちらのテストも受けた34人の参加者は，治療後のテストで，症状の頻度が40％近く減少していると報告している[7]。

2006年と2007年に，Dr. Caroline Sakaiがルワンダ，キガリの浮浪児のためのルワンダ孤児プロジェクト・センターでの研究を行った。センターは，約400名の孤児を保護しており，1994年の大虐殺を生き延びたある程度の年齢に達した子どもたちをChild Report of Post-Traumatic Stress（CROPS）とParent Report of Post-Traumatic Stress（PROPS）を使って検査した。両親がいないため，孤児院スタッフがPROPSを記入した。

12年前のルワンダ大虐殺からのPTSD症状に苦しむ青年期の孤児50名にTFTを適用した。TFTの一回の治療後，子どもたちとその世話人にCROPSとPROPSのチェックリストを記入してもらったところ，著しい軽減が見られた（どちらの測定も$p<.0001$）。PTSDのカットオフ値を超えていた子どもの数は，世話人の評価からは100％から6％に減少し，本人の

評価は 72％ から 18％ まで減少した[8]。

　臨床ソーシャルワーカー Suzanne Connolly と Dr. Caroline Sakai は，ルワンダでのトラウマ・リリーフを進めており，2008 年，コミュニティのリーダーたちに TFT の指導を始めた。無作為化比較研究で，その新たに訓練されたリーダーたちが，145 人を治療した。研究は現在出版の準備を行っている。

　ルワンダのビュンバ地区では，Connolly と Sakai により類似した研究が行われ，現在出版の準備がされている。彼女らは，200 名以上のルワンダ人コミュニティ・リーダーたちを訓練し，地域の人々を援助するために TFT を使えるようにした。ルワンダでは，人々が毎日，トラウマや他の心理的問題を治療するための ATFT（TFT 協会）ルワンダ・センターに訪れている。

註

[1] M. Wylie, "Going For The Cure" *Family Therapy Networker*, 1996, July/August pp. 21-37.
[2] Glen R. Schilardi, Ph. D.（2000）Los Angeles, Lowell House, *The Post Traumatic Stress Source Book. p.23*
[3] J. Carbonell, J. "An Experimental Study of TFT and Acrophobia". *The Thought Field*, Vol. 2. Issue
[4] G. Leonoff, G. "Successful Treatment of Phobias and Anxiety by Telephone and Radio," *The Thought Field*.
[5] Carl Johnson, M. Shala, X. Sejdijaj, R. Odell, K. Dabishevci, "Thought Field Therapy-Soothing the Bad Moments in Kosovo," *Journal of Clinical Psychology*, 2001-57 (10), 1237-1240
[6] R. Callahan, "The Impact of Thought Field Therapy on Heart Rate Variability," *Journal of Clinical Psychology*, 2001-57, 1153-1170
[7] Folkes, C.（2002）Thought field therapy and trauma recovery. *International Journal of Emergency Mental Health*, 4(2), 99-104.
[8] Sakai, C. E., Connolly, S. M., & Oas P.（2010, Winter）"Treatment of PTSD in Rwandan Child Genocide Survivors Using Thought Field Therapy" *Emergency Mental Health*, 12(1), 41-50.

監訳者あとがき

　指でタッピングしただけで大抵の心理的問題が解決すると聞くと，大抵の専門家は（一般の人も）そんなことはありえないと思うでしょう。もちろん私もそのひとりでした。半信半疑でしたが，しかし私の中に「これは！」という何かがあったのかもしれません。すぐに米国行きの飛行機を手配して，キャラハン博士との出会いを果たしたのでした。

　彼のセミナーはデモンストレーションが多く，参加者の目の前で実際に行い，自分でも体験できるのです。考えてみれば，このようなことができる心理療法は数少ないものです。

　心理療法は長い間，1対1の密室の出来事でしたが，デモンストレーションを行い，その上，TFTのことなどまったく知らない人に対して観客の前で実践するということは大変勇気のいることです。

　TFTを臨床に取り入れ始めたころ，行ってみると効果が出て，クライエントさんには良くなったと感謝されるのですが，それでも本当に効いたのかなぁという懐疑的な部分は完全に拭い去れず，早10年以上。気がつけば，心と体のさまざまな症状に対してTFTを有効に使うためにいろいろな工夫をしてきました。私の臨床もスザンヌの臨床と相通じるのです。

　スザンヌは私の同僚で，本書をご一読の通り，経験豊かな洞察力と非常に卓越した臨床センス，人間的な柔軟さを持ち合わせているすばらしい臨床家です。

　スザンヌの来日をあと4カ月にひかえ，もう少しで翻訳作業を終えようとしていた2011年3月11日に東北地方太平洋沖地震が起きました。マグニチュード9.0の大地震，三陸沖を中心に海岸沿いは広い範

囲で大津波にのまれ，死者，不明者が2万4,000人以上，避難者数33万人を超え，未曾有の災害となりました。

　日本中がなんとか東北を応援しようと支援チームが続々と入る中，日本TFT協会からは宮城県南部の医療機関の要請に応じて，精神科医，看護師，臨床心理士を派遣しました。災害支援の経験が豊富なスザンヌにアドバイスを求めたところ，「私もできることがあれば，被災地に行くから」と言ってくれた勇敢な女性です。

　TFTの心理療法らしからぬ特長から，時には肩こりに，身体的な疼痛に，不眠に，そして多大な喪失感に活用し，現地ではセルフケアとしてのやり方をレクチャーしました。変幻自在のケア法です。

　TFTは誰でもセルフケアで使えるテクニックですが，心理カウンセラーが使えば本書のように複雑なトラウマに適用でき，医師が使えば癌やマラリアなどの医学的問題への補助療法となり，東洋医学や整体では身体的な問題にも適用できるのです。スザンヌが臨床で高い効果をあげるのも，臨床家として治療の枠組みがしっかりしており，問題の背景からアセスメントが的確になされ，症状に対処できるからであると思います。

　本書で紹介されているのは，「アルゴリズム（Alg）」と呼ばれる症状別に定式化されているもっともシンプルな手順です。アルゴリズムでうまくいかない場合には，さらに上の診断レベル（Dx）で対応します。TFT診断はアプライド・キネシオロジー（AK）と呼ばれる整体術の診断法を応用しており，個別に必要な手順を導き出します。アルゴリズムは，何千ものTFT診断の臨床の中で，統計的に70％以上に一定の効果が認められたパターンをキャラハン博士がまとめたものです。診断レベルを修了すると，上級レベルがあり，心だけでなく体の健康も含めた，それぞれの個人にとって「最適な健康」のためのプログラム

を「ボイステクノロジー」という声の診断を使って導き出します。さらに、キャラハン博士から直接集中訓練とスーパービジョンを受けた者は、特にボイステクノロジーレベル（VT）と呼ばれています。

　TFTは、1979年にキャラハン博士がタッピングで初めて深刻な恐怖症を改善させてから、トラウマや身体的疼痛、そして医学的問題へと適用範囲を広げてきました。その結果、「健康」を心だけで捉えず、食生活や身体的な問題も含めたトータルなものとしてとらえる統合的な健康法に発展しました。問題にフォーカスしながら症状を取り除くという対症療法的な西洋医学の観点と、体のエネルギーに働きかけて心身のトータルバランスを目指す東洋医学の観点も持ち合わせているのです。

　TFTを学ぶ専門家は多岐にわたっています。精神科だけではなく、内科や外科、小児科などの医師、看護師、保健師、精神保健福祉士、社会福祉士、介護福祉士、鍼灸師、整体師、柔道整復師、カイロプラクター、臨床心理士、心理カウンセラー、教員、保育士、スポーツトレーナー、研究者、人事担当、労務担当、コンサルタントなどです。メンタルケアは、幅広くいろいろな立場で、状況で行えるものです。そういう意味では、他人を援助する職につく基礎テクニックとして誰にでも有用だと思います。

　米国では、TFTが発端で「エネルギー心理学」という一派ができ上がり、心理学会の新しい流れを作り始めています。TFTのコントロールスタディはまだ数少ないものの、スザンヌはその先駆ともいえるべき、ルワンダの戦争孤児のPTSD研究を行い、TFTの効果に関して統計的有意差を報告しました。

　彼女がまだ取り組み中の研究も本書のために書き加えてくれて、付録IVに紹介しています。経絡や脳、眼球運動の作用についての研究同様、今後さらなる研究を重ねていくべきだと思います。

　TFTは、言葉だけではなかなか伝わらないこと、できないことに対

応するツールの一つになることでしょう。心身の回復過程において，どの段階でも適用ができますし，どの手法とも併用できます。

　ストレスを抱えている人が急増している日本社会は，今，さらに日本中が心を痛めるような未曾有の大災害を経験しています。TFT ですべてが解決されるわけではないですが，少しでも疲れやつらさを横に置くことで，少しずつ前に向かって歩き始め，時間をかけながらでも気持ちの整理をつけていくための，被災地のみなさんが自ら回復していくための道しるべになります。TFT は，混乱しているときにも有効で，不思議と頭の整理もしてくれます。本来，自ら良い方向に向かおうとするエネルギーの道筋を整えてくれるようです。

　新しいことを取り入れても，日本の良いところは大切に残して，次の世代にちゃんと引継ぎ，古くなれば修復が必要で，進むべき方向を見失わず，今の時代に合ったバランスを社会も人も体もとっていく必要があるのだと思います。

　この本を読んでから，翻訳をすべて終え，臨床家のみなさんにご紹介するまでにずいぶんと時間をかけてしまいました。

　多忙な中，翻訳を担当してくれた TFT セラピストの同僚たち，そして，今までとまったく異なる新しい心理療法に理解を示していただき，出版の機会を与えていただいた金剛出版の高島氏，そして，スザンヌに深く感謝いたします。

　また，私を TFT へ導いてくださった精神科医，故 島雅彦先生，TFT を初めて日本で専門家に紹介した小児科医，故 高崎吉徳先生にあらためて夜空の向こうに感謝申し上げたいと思います。

　TFT は，東北を，そして日本の成長を引き続き支援していきます。

2011 年 6 月　森川綾女

● 監訳者

森川 綾女 Ph.D. （もりかわ・あやめ）

日本TFT協会理事長。心理カウンセラー，キネシオロジー（運動機能学）インストラクター。米国ウェスタン・ミシガン大学で政治学を学び，企業での就労経験を経て，カリフォルニア・コースト大学大学院で心理学を学び博士号を取得。ロジャー・キャラハン博士に直接師事し，ボイステクノロジーを習得。専門家養成の講師でもある。一般向けのセルフケア書として『ツボ打ちTFT療法』（講談社），『たった2分で心がスッキリする体のツボ』（三笠書房），翻訳書としてロジャー・キャラハン著『TFTとトラウマ』（アイ心理研究所）がある。

● 訳 者

浅見　　肇（福島県立あぶくま養護学校：教員）
上田 純子（京都聖母女学院短期大学非常勤講師）
河岸由里子（かうんせりんぐるうむかかし：臨床心理士）
川村 昌子（社団法人日本産業カウンセラー協会／TFTルームKokoroしぜん：産業カウンセラー）
鈴木 孝信（医療法人和楽会赤坂クリニック／東京多摩ネット心理相談室：心理カウンセラー）
森川 綾女（TFTセンター・ジャパン／アイ心理研究所：心理カウンセラー）

Thought Field Therapy®「思考場療法®」「TFT療法®」は商標登録されています。
著作権は，Callahan Techniques, Ltd. およびココロ有限会社にあります。
Cocoro, Co. Ltd. ALL RIGHTS RESERVED.

TFT思考場療法臨床ケースブック

2011年7月20日　印刷
2011年7月30日　発行

著　者　スザンヌ M. コノリー
監訳者　森川綾女

発行者　立石正信

発行所　株式会社 **金剛出版**

112-0005 東京都文京区水道1-5-16
電話 03-3815-6661／振替 00120-6-34848

装　丁　臼井新太郎

印刷・製本　三協美術印刷株式会社

ISBN 978-4-7724-1208-7　C3011
Printed in Japan © 2011

好評既刊

R・E・リー，C・A・エベレット [著]
福山和女，石井千賀子 [監訳]
家族療法のスーパーヴィジョン——統合的モデル

A5判上製　定価3,990円（税込）

臨床教育者とスーパーヴァイザーのための家族療法スーパーヴィジョン入門。基本概念を明確かつ簡潔に解説。

下山晴彦 [編]
認知行動療法を学ぶ

A5判並製　定価3,780円（税込）

認知行動療法の基礎スキルから臨床現場での実践方法まで，日本の認知行動療法を代表する執筆者たちによってつづられた最新形の認知行動療法を体系的に学ぶための18講義。

S・ミニューチン，M・ニコルズ，W=Y・リー [著]
中村伸一，中釜洋子 [監訳]
家族・夫婦面接のための4ステップ——症状からシステムへ

A5判上製　定価4,410円（税込）

"マスターセラピスト"サルバドール・ミニューチンの臨床事例集。介入の真髄を四つのステップにわけて解説する。

E・リプチック [著]
宮田敬一，窪田文子，河野梨香 [監訳]
ブリーフセラピーの技法を越えて——情動と治療関係を活用する解決志向アプローチ

A5判上製　定価3,990円（税込）

「技法優先で理論が弱い」との誤解を解く，ブリーフセラピー／解決志向アプローチの新たな展開を示す理論／実践書。

W・H・オハンロン，M・マーチン [著]
宮田敬一 [監訳]／津川秀夫 [訳]
ミルトン・エリクソンの催眠療法入門——解決志向アプローチ

A5判上製　定価3,570円（税込）

クライエントを尊重しつつ変化への可能性をひらき，解決の喚起をもたらすエリクソンの治療技法を簡明に解説したワークショップ記録。

株式会社 金剛出版
112-0005　東京都文京区水道1-5-16升本ビル　TEL03-3815-6661
http://kongoshuppan.co.jp/